［日］茂吕美耶 著

江户日本

当代中国出版社
Contemporary China Publishing House
2020年·北京

原著：《江户日本》/［日］茂吕美耶 著
通过成都同舟人文化传播有限公司（E-mail: tzcopypright@163.com）
经作者茂吕美耶授权给当代中国出版社在中国大陆发行中文简体字
纸质版和电子书版权
© 2017该出版权受法律保护，非经书面同意，不得以任何形式任意
重制、转载

版权合同登记号　图字：01-2017-8486

图书在版编目(CIP)数据

江户日本/(日)茂吕美耶著. -- 北京：当代中国
出版社，2020.1
ISBN 978-7-5154-0903-0

Ⅰ.①江… Ⅱ.①茂… Ⅲ.①文化史—日本　江户时
代　Ⅳ.①K313.36

中国版本图书馆 CIP 数据核字（2018）第 300140 号

出 版 人	曹宏举
策划编辑	隋　丹
外文审订	杨建兴
责任编辑	隋　丹
责任校对	康　莹
封面设计	胡椒设计
出版发行	当代中国出版社
地　　址	北京市地安门西大街旌勇里 8 号
网　　址	http://www.ddzg.net　邮箱：ddzgcbs@sina.com
邮政编码	100009
编 辑 部	（010）66572264　66572154　66572132　66572180
市 场 部	（010）66572281　66572161　66572157　83221785
印　　刷	北京润田金辉印刷有限公司
开　　本	880 毫米×1230 毫米　1/32
印　　张	9 印张　1 插页　插图 154 幅　194 千字
版　　次	2020 年 1 月第 1 版
印　　次	2020 年 1 月第 1 次印刷
定　　价	59.00 元

版权所有，翻版必究；如有印装质量问题，请拨打（010）66572159 转出版部。

新版自序
我应该可以再度提笔写书了

《物语日本》《江户日本》简体版初版第一次印刷于 2006 年 8 月上市，我记得当时的大陆市场反应相当不错，读者的热情捧场让出版社持续加印了六次。接着是《平安日本》和《传说日本》简体版也随后上市。这四本书算是我的初期作品，就冷门小众的人文社科类图书来说，不论繁体版或简体版，每一册的累计销量都还算颇佳，在当时甚至可以说是一枝独秀的畅销书。

之后，销量逐渐下滑，十多年后，连繁体版也停止加印。由于简体版版权和繁体版绑在一起，我于是在繁体版合约期限到期时，干脆收回版权，让《物语日本》《江户日本》《平安日本》这三本书绝版，并收回《传说日本》简体版版权。

绝版后，陆陆续续又有其他大陆出版社来信征求版权，表示想让这四本书重新问世，我都婉拒了。因为我对这四本书怀有特殊的感情，一直想重新整理内容，或删除修改某些文章，或补充某些新文章，让其再度出现。无奈，我必须不断出新书，否则无法养活自己和家中那七只"喵星人"，因此除了物理性的时间外，在非物理性的精神领域上，我也缺乏余裕着手改版之事。

我是个纯粹靠稿费与版税收入糊口的专职作家。相信有很多人都心知肚明，光靠不定期的稿费和非固定的版税收入，其实很难维持生计。幸好我还有另一项翻译工作，两者加起来，才勉强可以达到日本政府所制定的最低生活保障线，也就是贫穷线。即便如此，倘若我不勤快写书，稍微一偷懒，便会四脚朝天坠入日本社会底层之"下流老人"阶层。

所谓"下流老人"，是日本社会于2015年出现的新名词。日文的"下流"（karyu）相当于中文的"下游"，除了江河水流靠近出海口之处的"下游"外，另一个意思是社会下层、底层，也就是生活贫苦、地位卑微的社会阶层。"下流老人"正是生活水平处于或低于贫穷线的高龄者，他们的特征是收入少、存款少、四周可仰赖的人少（社会孤立）。

日本人口老化速度居全球第一，目前总人口中有四分之一是65岁以上的银发族，整个国家社会已经在原地踏步了二十年。往昔的"钱都握在老人手里"的迷思早已破解，银发族户的贫穷率高达27%（2016年资料）；换句话说，占总人口四分之一的银发族中，有四分之一是贫户。如果单独抽出女性独居户的数据，则半数以上是贫户，而我，虽然年龄还不到65岁，但收入少、存款少、独居户，正是典型的"下流老人"候补生。

大约在三年前，我曾计划再度走上社会，找一份每个月可以领薪资的工作。只是，以我的年龄和学历以及工作经历条件来看，我只能应聘时薪大约950日元的兼职工作，例如超市收款机店员或餐厅洗碗工以及在医院负责膳食的工作人员或清洁工。我不嫌弃这类工作，反正窝在家里打稿一样得做做炊事洗碗打扫等家事，不料，就在我准备应聘工作时，我的膝关节竟然出了毛病，因膝盖疼痛而导致行动不便，只能放弃出外工作的念头。医院换了好几家，从可以利用健保的大医院骨科、复健科起,到一次至少需付5000日元的针灸推拿治疗院等,能去看病的地方都去了,均不见效。

这种长期的慢性疼痛真的会磨人心志,不但令我失去自信,日子也过得心神恍惚,最后甚至丧失了使用文字的能力。每当我坐在计算机前打算打稿时,往往在数小时后,却发现我只能打出彼此毫无关联的几个单词;每个单词我都懂得意思,却不知该怎么将这些单词连接成句子。文字能力失控使我甚至想去找心理医生。

尽管如此,我还是尽己所能完成了《物语日本》的改版,让繁体版于2017年5月上市。巧的是,同一年夏季,我收到中国大陆某版权代理公司来信,表示有出版社想出这四本书,问我意下如何。商谈了几个月,我们终于在年底签订了合同。此外,我也和中国大陆其他出版社签订了几本新书合同。

扳指一算,2018年居然是我版权输出数量最多的一年,除了新版《物语日本》《江户日本》《平安日本》《传说日本》,另有《明治日本》(四川文艺出版社)、《大正日本》(四川文艺出版社)、《大奥日本》(广西师范大学出版社)以及繁体版新版《Miya字解日本:食、衣、住、游》(台湾麦田出版社),总计八册。

正是这八册新书的版税令我暂时缓解了经济压力。我非常感激中国大陆的出版社在同一年度引进了我的书,让我摆脱自此停笔的念头,重新提起用单词组成句子、再用句子构成文章的兴致。

我想,我应该可以再度提笔写书了,也应该坚持不懈地写下去。

茂吕美耶

2018年7月于日本埼玉县

目录
Contents

第一章 饮 食

第一节　速食都市	/ 002
第二节　江户美食	/ 008
第三节　河豚与偷情	/ 012
第四节　山芋与大黑	/ 018
第五节　牡丹红叶锅	/ 022
第六节　便当苦，谁人知	/ 026
第七节　将军的餐桌	/ 030

第二章 生 活

第一节　和服	/ 042
第二节　女人的天性	/ 047
第三节　长屋	/ 053
第四节　明日黄花	/ 060
第五节　江户仔气质	/ 064
第六节　寺子屋	/ 069

第三章 情 色

第一节　大江户恋爱	/ 078
第二节　你爱我吗？ 　　　　——初恋篇	/ 084

第三节	你爱我吗？	
	——夜这篇	/ 090
第四节	你爱我吗？	
	——众道篇	/ 096
第五节	你爱我吗？	
	——心中篇	/ 104
第六节	色道始祖	
	——吉原	/ 110

第四章　娱　乐

第一节	园艺	/ 130
第二节	写乐是谁？	/ 138
第三节	茶道	/ 148
第四节	相扑	/ 153
第五节	庶民旅游	/ 160

第五章　幕　府

| 第一节 | 历代将军 | / 172 |
| 第二节 | 参勤交代 | / 196 |

第六章 侠义·怪谈

第一节 忠臣藏
　　　　——赤穗四十七浪士　/ 204
第二节 半七捕物帐·勘平之死　/ 250

附录一 江户时代天皇年号与
　　　　公元简易对照　/ 272
附录二 江户时代历任德川幕府将军　/ 278

第一章 饮食

第一节 速食都市

德川家康于1590年奉丰臣秀吉（1537—1598）之命，移居江户。十三年后，在江户开设幕府，使原本鸟不生蛋的江户，成为日本的政治中心地，往后一直发展到今日。

江户，正是东京。

江户是个计划都市。德川家康入城时，虽然带来众多武士，

▶ 17世纪的《江户屏风图》（日本桥一带局部），描绘出江户活络热闹的一面。

▶ 奈良茶饭屋是日本现代餐厅的原型。

但是，武士本来就没有生产能力，而江户又没有所谓的农民，为了养这些武士，德川家康便必须建造商业城镇，再从外地招引工匠商家。当时，江户城本来位于海边，武士阶级的宅邸均分配在江户城背面，而一般庶民的城镇，则是填海造成的。第一期工程，便是今日的银座，以后一直继续填海扩大城镇，从日本桥到品川那一带，都是当时填海造成的。

由于江户是新兴都市，单身赴任的武士阶级占总人口的半数，剩下的半数是一般庶民。而一般庶民中，大多数又是从外地来打天下的单身男子，女子人口格外稀少。在这种情况下，庶民当然无法在家自炊，即便家中有主妇，身为主妇的也通常为了辅助丈夫的工作，或是另有副业，终日忙忙碌碌，无暇顾及家事。因此,江户不但是个消费都市,也是个"速食都市"。

当时,快餐的主要提供者是肩挑行商贩子,起初只是巡回卖些蔬菜鲜鱼,后来逐渐增加一些煮熟的家常菜。其他也有"料理茶屋",不过,料理茶屋主要是供客人休息、喝茶,顺便吃一盘小菜、喝一杯酒的中继站而已,不是让人专心且完整享用一顿饭的地方。

1657年,江户发生一场"振袖大火"。这场大火,烧毁了三分之二的江户。幕府于是趁机大力修桥补路、盖寺建塔,整个江户陷于土木工程的嘈嚷中。而在建筑现场吃喝的,又都是粗体大膀的男人。为了喂饱这些男人的肚子,城镇内开始出现一些简易食堂,提供"一饭、一汤、一泡菜"的便饭。

不久,日本第一家以庶民为主的餐厅"奈良茶饭屋"在浅草开幕。"茶饭屋"正是现代的"餐厅",提供整套饭菜;而"茶饭"则是以茶水,或加点酱油、酒煮出来的饭。现代日本一些和式餐厅,点菜时也是一人一套,几盘菜和米饭、汤、点心,通通摆在一个盘子上,自己吃自己的。据说,巴黎第一家餐厅是在1765年登场的,伦敦则是1828年才出现的,可见江户的饮食文化比欧洲先进。

料理书籍的出版更是兴旺。1674年,日本出版了一本汇集四季料理的《江户料理集》,不过,内容比较专,一般庶民无法随意照样品做。真正的第一本家庭料理书大概便是《豆腐百珍》了,出版于1782年,内容收集了一百种豆腐料理的做法。这本家庭料理书极为畅销,第二年又出版了续集,几年后再度出版一本《豆腐百珍余录》,光是豆腐,其料理做法总计约三百三十二种。据说,既是美食家也是作家的谷崎润一郎,曾

▶ 江户中期路边摊开始普及，至万延元年（1860）统计竟有近四千家。

经参照《豆腐百珍》中的做法，自己下厨，将一百种豆腐料理全部尝过了。而日本第一本有关主食的书籍《名饭部类》，则是在1802年才上市的。

1780年以后，炭炉才在江户普及开来，随之登场的是路边摊。这些路边摊的小吃，正是现代日本料理和点心的原型。例如，天麸罗、烤鳗鱼串、寿司、关东煮、乌龙面、荞麦面、烤乌贼、烤糯米团子、牡丹饼（糯米）等。不过，这些路边摊的主顾是庶民，武士阶级或商家人士对此不屑一顾。上流与中流人士外出时，通常是带便当，要不然便是吩咐饭馆送外卖。当时能够不顾身份尝到这些庶民美味的，大概只有下级武士吧。路边摊又名"四文屋"，任何小吃一律四文，相当于现代的二百日元。

路边摊最有人气的是天麸罗和寿司。天麸罗是油炸食品，幕府为了防止火灾，禁止商贩在家中营业，造成只能在路边摊才得以吃到天麸罗的结果。因此，当时的上级武士和富商，在高级餐厅反而吃不到天麸罗。幕府末期时，幕府解除禁令，料理店才出现高级天麸罗。关于"江户前寿司"（用江户湾捕获的鲜鱼做出的寿司），也就是今日的"握寿司"，有个很有趣的小故事。

话说1800年左右，幕府十一代将军德川家齐是个败家子，不但穷极奢欲，还非常好色。除了正室夫人外，他在后宫还有众多侧室。其中某侧室的养父中野石翁，在将军宠臣中最有势力。他在向岛盖了一栋豪华宅邸，院子内栽植许多樱花树，又建造一艘镶着玻璃窗的自家用船，每天沿着隅田川驶往江户城办公。由于有众多人想接近石翁以求得高官职位，石翁宅邸四周便出现专门贩卖贿赂用奢侈品的商店。有家寿司店听闻此消息，就想出切下鲜鱼最好吃的部位，再与寿司饭握在一起的握寿司点子，在石翁宅邸附近开了一家分店。在这之前，江户的寿司通常是以木模压型再切割成长方形的"箱寿司"。

没想到握寿司马上成为路边摊的主要小吃之一，而且寿司饭上除了握上鲜鱼片外，又被发明出蛋卷寿司、鲜虾寿司、甜煮星鳗寿司等五花八门的握寿司，当时一个卖八文。由于价格是一般小吃的两倍，于是又出现了比较便宜的"稻荷寿司"（油炸豆皮寿司）与用紫菜包卷的"手卷寿司"。

如今，天麸罗与寿司，均已成为"国粹"，这大概是当年的江户仔做梦也想不到的吧。

最近，日本电视台经常举办"大食竞赛"，这种游戏，其实早在1817年便留有纪录。当时的最高纪录是"主食部门：白饭

▶ 油炸的天麸罗初期只能在路边摊贩卖。图中腰配双刀的武士，贪吃美食又为了不让人认出，竟以头巾遮住脸部。

五十三碗，酱油三合（半升左右）"、"点心部门：馒头五十个，羊羹七条，薄皮饼三十个，茶十九杯"、"酒类部门：酒二十五公升，休息很长一段时间后，再喝下十七杯水"。这个时期，很可能正是江户时代的"饮食泡沫时期"。

第二节　江户美食

每年初夏,令江户仔"宁愿典当老婆也非吃不可"的美食,是当年最早上市的鲣鱼。而每逢"初鲣"上市时期,日本人脑中最初浮现的俳句,大概是江户俳人,也是松尾芭蕉的把兄,山口素堂(1642—1716)的代表作:

嫩叶入眼帘
耳闻不如归啼声
贪吃初鲣鱼

芭蕉第一门徒,室井其角(1661—1705)也留下一首:

紫藤花开了
扳着手指痴等待
坐食初鲣日

为什么江户仔如此爱吃鲣鱼?答案只有一句:"好吃。"

鲣鱼通常沿着太平洋随黑潮北上,抵达北海道南方时,掉头再度折返南下。2至3月出现在九州岛的鲣鱼,途经四国高知县来到和歌山县海域时,身上还没上膘,虽适合做成"鲣节"(柴鱼),生吃却稍嫌不够肥。待鲣鱼游到静冈县,绕过伊豆半岛,5月初来到神奈川县相模湾时,正好肥满丰腴,最适合生

▶ 鲣鱼初上市啰！价钱虽然高，但管不了那么多了，吃吧！这才是江户人的作风嘛！

鱼片。此时，江户仔便会为了"初鲣"而狂奔。

鲣鱼的吃法有两种，一是高知县的烤飞霜，连同外皮以稍远的猛火烤至鱼肉泛白，再浸入醋水，切成鱼片，蘸姜泥酱油吃；另一种吃法则是关东地区的生鱼片。不知为何，鲣鱼生鱼片跟山葵酱油不合，只适合姜泥、蒜泥酱油，要不然便是萝卜泥。江户时代的吃法是蘸芥子泥味噌。

根据古籍所记，一八一二年三月二十五日，日本桥鱼市场进货十七条鲣鱼，其中，将军家买了六条，江户最高级料理餐馆买了三条，剩下的才批发给鱼贩。当时价格是二两一分，相当于现代二十七万日元，真是会吓死人。当然，一般庶民可能要等进货量增加，鲣鱼价格下降后才吃得起。

其实江户仔并非只钟爱鲣鱼，任何鱼虾或蔬菜，凡是刚上市的，通通可以成为热门货。江户仔深信刚上市的新鲜食物可令寿命延长七十五天。因此，近郊某些农家，为了让蔬菜早几天上市，竞相购买昂贵的人粪肥，以促成蔬菜早熟。结果，幕府只得规定蔬果、鱼虾等新鲜食品的进货日期，以免竞争过于激烈，破坏市场价格。

抢购刚上市的新鲜鱼虾、蔬果，是江户仔一年仅数次的奢侈，那么，他们平常到底都吃些什么呢？说来大家也许不肯相信，日本人一天吃三餐的习惯，是1700年以后才开始的，在这之前，一般人通常一天只吃两餐。不过，早期一些体力劳动者，例如江户城建筑工地的工人们，在早餐与晚餐之间，有吃点心的习惯，这个习惯，日后逐渐演变成午餐并普及开来。

▶ 日本桥鱼市场是江户时代最重要的渔产贩售地。

江户仔通常在早上便会煮好一天份的米饭。早餐是米饭配味噌汤、泡菜，如果还有纳豆（发酵的大豆），便算是很丰富的了。午餐时，用米饭浇上早上剩下的味噌汤，囫囵吞下了事。现代若是这样吃，肯定会遭受白眼，说你家教不好。晚餐时，菜肴比较多，一些小贩会挑着担子巡回卖些煮熟的家常菜。

　　一般说来，江户仔很少在家自己煮饭，庶民住的是大杂院，通常没有厨房，居民大多又是单身男子，懒得做饭。反正镇上一定有卖副食品的商店，只要有米饭，江户仔其实不需要自炊。

　　另外，比起关西，关东地方的调味料比较浓，很多家常菜都是用酱油、带有甜味的料酒、鲣鱼精红烧而成。如果比较一下关西地方与关东地方的乌龙面，便会发觉味道相差很多。关东人到关西吃乌龙面，常会抱怨海带汤汁"没味道"；关西人到关东吃乌龙面，则会嫌柴鱼汤汁味道太浓。

第三节 河豚与偷情

日本有一句人所共知的谚语:"想吃河豚,又怕丧命。"中国也有一句:"拼死吃河豚。"没错,自古以来,不知有多少人为了这道美食而一命呜呼。

江户俳人松尾芭蕉似乎比较慎重,留下一首:

河豚汤汁啊
不是也有鲷鱼吗
真不知好歹

▶ 一代俳诸名人松尾芭蕉(左图)和小林一茶(右图)都受不了河豚美味的诱惑。

但是，他似乎最后也禁不住河豚的诱惑：

哎呀没事矣
昨夜平安过去了
飨河豚汤汁

一百年后，同样是江户俳人小林一茶，则在50岁时首尝珍味：

年纪过五十
总算得知河豚味
呜呼快哉夜

迷上河豚的小林一茶，自己不怕死不说，还要拖人下水：

不吃河豚人
绝对不能让他看
富士山之美

令江户俳人赞不绝口的河豚，在战国时代，却令丰臣秀吉大伤脑筋。1592至1598年，掌握天下的丰臣秀吉，为了赏赐土地给立下战功的武将们，发动了"文禄庆长之役"，出兵侵略朝鲜。自全国各地召集的武士，必须会合在肥前名护屋城（九州岛佐贺县），但是，途中的山口县下关以及北九州岛那一带，正是河豚盛产地。不知道河豚有毒的兵士们，还未赶到聚集地，便在下关附近纷纷丧命。丰臣秀吉气得怒发冲冠,大吼:"想死也要给我死在朝鲜!"于是发出禁令,不准武士们吃河豚。

江户时代,河豚锅普及开来,成为庶民深爱的美食之一,然而,武士们和大名却没有福气享受河豚。这个时代,武士们最注重的是"忠",为了主君切腹而死,也能死得欢天喜地,但如果是为河豚而死,则会贻笑大方、遗臭万年。因此,各藩藩主都严禁武士们吃河豚。河豚盛产地之一的长州藩(山口县),有一位大名正因为是死于河豚之毒,不但被没收俸禄,更遭到断绝门第降为庶民身份的"御家断绝"命运。

关西人称河豚为"ふく",与"福"同音;关东人则称为"ふぐ"。江户庶民们则既爱又怕地称之为"铁炮",意味一"中"便死。关于河豚,有个代表性的江户笑话:某次聚会,有人带来一锅河豚汤汁,却没人敢先动筷子。大家左思右想,终于想出一个点子:"给桥上那个乞丐吃一碗算了。""喔,好主意!"于是捧了一碗河豚汤汁给坐在桥上乞讨的乞丐。乞丐大喜,连连叩头道谢。过一会儿,大家偷偷去探视,见到乞丐安然坐在桥上,便放心地围着河豚锅大吃特喝起来。酒足饭饱后,嘴里含着牙签,大家又到桥上去问乞丐:"怎样?味道好吃吧?"乞丐回问:"你们都吃过了?""吃了!吃了!""是吗?那我也吃吃看吧。"

难怪江户人将吃河豚比喻为偷情:

偷人家妻子
惊心动魄又美味
有如尝河豚

江户时代，有夫之妇若是红杏出墙，与别人通奸，丈夫即使将妻子与奸夫绑在一起，斩成四段，也不会被捕入牢。看样子，想偷别人妻子的人，似乎要具有"被斩成四段也无畏"的精神；而想吃河豚的人，也必须提心吊胆吃得惊心动魄，才够味儿吧。话虽这么说，很少有人会真正将自己的妻子与奸夫斩成四段，通常是由奸夫付钱了事。据说，18世纪30年代，大冈越前守裁决了一宗通奸案，命令奸夫付赔偿费给"正夫"，金额是金子一枚，相当于七两金币。结果，这个判决，反倒成为一种行情，奸夫只要付出五两或七两，便可以偷人家妻子。后来演变成仙人跳，流行起来。日本的名判官竟然是仙人跳的始作俑者，实在好笑。

▶ 经由专业的厨师料理，便能安心吃食，如今河豚专卖店已经普及全日本。（茂吕美耶　摄）

江户时代的河豚料理通常是火锅。那么，日本人到底是什么时候开始生吃河豚的呢？又是谁有那个胆量首创风气呢？答案很简单，当然是在幕府末期活跃于下关的那些志士们，也就是高杉晋作（1839—1867）那一票人。不过，有一位志士，尽管被同志们嘲笑胆小如鼠，却拼死也不肯吃河豚，那正是二度当上明治新政府内阁总理的山县有朋（1838—1922）。当时，山县有朋向高杉晋作辩解说："我不喜欢河豚那发怒时会膨胀的模样。"大概正是这种慎重的个性，令山县有朋度过动荡的幕府末期，并活到85岁。高杉晋作享年29岁，不过，他并不是死于河豚之毒，而是肺结核。

明治时代，政府设定法律，严禁河豚买卖。1888年，当时的总理伊藤博文到下关考察。某天，料理店"春帆楼"的女老板，明知违法，却仍冒险送出河豚料理。伊藤博文吃后，惊叹河豚的美味，当下命令山口县县长解除禁令。东京则在1892年才解除禁令。1909年，田原良纯博士提取出河豚肝脏与卵巢的毒素，命名为"tetrodotoxin"。现代是只有拥有专业执照的厨师才能料理河豚，因此，一般料理店不会发生中毒事件。

　　河豚料理有生鱼片、火锅、鳍翅酒、干炸河豚。河豚精囊俗称"白子"，另有一雅称"西施乳"。我个人是觉得，河豚生鱼片固然好吃，不过，干炸河豚更好吃。

第四节　山芋与大黑

据说，日本的鳗鱼年消费量是十五万吨。如果一尾鳗鱼重量大约二百克，一公斤便是五尾，十五万吨则是七亿五千万尾。换句话说，日本人每人平均一年吃六尾鳗鱼。而十五万吨鳗鱼中，三分之一来自中国台湾地区；简单说来，中国台湾地区的鳗鱼养殖户，九成以上都是仰赖日本市场维生。难怪每逢盛夏，来自台湾的鳗鱼喷气专机会日不暇给地一架接一架降落在成田机场。

在日本，鳗鱼的吃法通常是"蒲烧"。往昔，古人将鳗鱼切成筒状，抹上盐，再用竹签串起来烤，由于其外形同香蒲穗类似，于是称之为蒲烧。后来，关西人将筒状的鳗鱼剖开，用铁签串起来，先不蘸酱汁素烤一次，之后浸在酱缸内，最后再烤一次。然而，关东地区所捕获的鳗鱼，脂肪比关西地区的鳗鱼多，且土腥味较重，于是关东人烤鳗鱼时便多了一项工程：蒸。先烤一次，再用强火蒸，最后再烤一次。而且，一定要用竹签。

又据说，这个"一剖、二烤、三蒸、四烤"的技术非常难学，如果让一些冠军级鳗鱼料理厨师来说明，他们可能会一本正经地跟你说："剖三年，串八年，烤一生。"意思是说，光是学习如何剖鳗鱼就得花三年；再来是学习串鳗鱼的技术学八年；至于蒸、烤的本事，则必须花一生以求"芝麻开花节节高"。阿弥陀佛，还好我志不在烤鳗鱼，否则，剖三年、串八年、烤一生，那我休想嫁人了。

说到"剖"，关西人是老老实实从腹部剖鳗鱼，江户人却龟

▶ 鳗鱼的吃法通常是蒲烧,为了不冒犯武士,江户人坚持要从背部来剖。除了有蒲烧鳗鱼专卖店,也有路边摊供应平价的蒲烧鳗鱼。

毛得很,硬是要从背部剖。江户是武士都市,从腹部剖,似乎会冒渎武士的切腹行为,商家只好从背部剖。只是,这种行为对鳗鱼来说,不也是一种"卑鄙"的做法吗?或许"鳗"家也想死得光明磊落呢。

有关蒲烧,江户有个很有趣的老笑话:话说,江户有个守财奴,想吃鳗鱼蒲烧却又不想掏腰包,于是特意来到鳗鱼店前,闻了蒲烧味道后,仰天长叹:"吼——实在太香了,太香了,口水都要流出来了。"再急急忙忙赶回家捧着白饭狼吞虎咽。鳗鱼店老板看不惯他三番两次的"白闻"恶习,忍无可忍地向他索取"闻香费"。"开玩笑!我又没吃到你的鳗鱼一根刺!""就算没吃到,你也有闻到吧!"守财奴听毕,气愤地从荷包掏出一串硬币,抛在地板上。丁零零、叮叮当……接着马上又拾起硬币,转身向老板说:"就算没收到鳗鱼费,你也有听到吧!"

"土用丑日"是日本的"鳗鱼日"。每年立春、立夏、立秋、立冬前 18 日,是土用日。日本人惯常在土用日吃鳗鱼,连平常不喜吃鳗鱼的人,也会在这个时期凑热闹,就跟中国人在端午节一定要吃粽子一样。制定这个风俗的人是江户奇才平贺源内(1728—1779)。平贺源内博学多识,不但是通俗小说家,也精通医学、电气。当时,有个鳗鱼店老板问平贺:"有没有可以让生意兴隆的方法?"平贺便写了张广告单"本日土用丑之日",要鳗鱼店老板贴在门外,结果客人果真纷至沓来。这是因为日本人在丑日习惯吃与"丑"第一个音节同音的食物,例如梅子、瓜,而比起梅子与瓜,鳗更滋补,理所当然便成为丑日的主角。

日本五大盖饭是"鳗盖饭"、"牛盖饭"、"亲子盖饭"(鸡肉与鸡蛋)、"天盖饭"(天麸罗)、"胜盖饭"(炸猪排),其中"鳗盖饭"是历史最悠久的盖饭。现代日本的卫生筷子,正是江户时代某家"鳗盖饭"商店老板发明的。

▷ 在日本五大盖饭中,鳗盖饭是历史最悠久的产物,如今日本人仍流行夏天吃鳗鱼来补充精力。(茂吕美耶 摄)

鳗鱼的另一个称呼是"山芋",起源于江户时代的和尚黑话。现代日本和尚,不但可娶妻生子,也能饮酒吃腥。江户时代的僧侣,基本上必须守清规,然而实情似乎清浊不辨,一大堆和尚黑话在寺院内流行。泥鳅变成"舞伎",鸡蛋是"白茄子",生鱼片是"叹佛",金枪鱼(黑鲔鱼)化身为"红豆腐"。最好笑的是"般若汤",往昔的日本和尚,是不是夜夜吃食"舞伎"并互敬"般若汤"呢?

有一句江户川柳,可以证明当时的和尚最怕什么:

和尚拜大黑
大黑化身为布袋
和尚团团转

"大黑"是日本七福神之财神,在和尚黑话中,意思是"黑妻";"布袋"也是七福神之一,形似弥勒佛。我想,不仅是和尚怕"大黑化身为布袋",现代男人大概也是"既想拜大黑,又怕大黑变布袋"吧?

第五节　牡丹红叶锅

日本古代朝廷于8世纪首次发下"肉食禁令",之后天皇又持续颁布数次诏书,贵族阶级才完全改掉肉食习惯。当时的庶民都是在寺院学习文字,生病时也仰赖僧侣医治,在庶民眼里,僧侣是无所不能的"知识分子",集众望于一身。因此,受僧侣教育影响的庶民阶级,也逐渐远离肉食。往后一千二三百年左右,日本人一直没有吃肉的习惯。明治维新以后,新政府为了鼓励国民吃食肉类,据说花了不少心血。

然而,实际上真是所有日本人都不吃兽肉吗?并且持续了一千多年?当然不可能。只是,除非万不得已,否则庶民们绝对不吃兽肉一事,倒是事实。例如生病时,或天生身体虚弱的人,人们会默许他们吃兽肉,甚至鼓励病人吃食这些"补品"。病人以外,则有一部分所谓的"美食家",是支撑猎户生计的主顾。

江户时代,所谓的"补品"主要是山猪与鹿。山猪的黑话是"牡丹",另一名称是"山鲸";鹿肉是"红叶";马肉比较罕见,黑话是"樱"。这些黑话,一直沿用到现代。由于料理法通常是冬天进补的火锅,现代某些兽肉火锅店也习惯挂上"牡丹锅""红叶锅""樱锅"的招牌。奉告各位游客到日本旅游时,看到上述招牌,千万别以为日本人不但喜欢赏花,也爱吃花。

至于牛、马,在江户时代是不可欠缺的劳动力,也因此,当时的日本人没有屠宰并吃食家畜的观念。历史上恶名昭彰的

▶ 摆着山鲸招牌的兽肉店。

德川第五代将军纲吉，正因为爱屋及乌，爱得过火，订下"生物怜爱令"，不准人们虐待甚至吃食所有生物。农民若是将生病的牛、马弃置在荒地，会受到流放孤岛的罪责。就算是不小心让猫咪掉落井内而溺死，猫主人也会被扣上"虐待动物"之罪名而流放到孤岛。又由于纲吉生肖属狗，所以他特别爱狗，当时街上的家犬以及流浪狗，地位高得不得了，人命甚至比狗命轻。纲吉自身也建造了一栋"御犬舍"，专门收容流浪狗，因此，庶民们暗地讽刺他是"犬公方"。

幕府末期，美国总领事要求幕府提供家畜牛，以便他们屠宰料理成牛排。照理说，当时的幕府已经名存实亡，对美国总领事的要求应该俯首帖耳才对,岂知,幕府竟三番两次都毅然拒绝。理由是:"牛马的工作是背负重荷,辅助人力,因此无法恩将仇报,屠宰来吃。"不知道当时驻派在日本的外国人,都吃些什么?或许有黑店提供牛肉给他们吧。

明治维新后,新政府以"文明开化"为借口,鼓励国民吃食牛肉。明治天皇甚至以身作则,公开吃给国民看。往后,日本人吃肉的习惯才普及开来。想想,日本人吃牛肉的历史顶多才一百多年,却养殖出"神户牛""近江牛"等享誉国际的名牌牛肉,不知该苦笑还是暗爽?

江户时代的日本男子,是日本史上最矮的一群,平均身高大约一百六十厘米,原因很可能在于他们没有吃食兽肉习惯吧。现代日本年轻人,平均身高已经赶上韩国、中国人,可见,吃食文化与身高、体格有密切关系。江户人唯一可以获取的蛋白质来源,正是鲸肉。

话说回来,兽肉在江户时代不但是病人的补品,也是男子的强精剂。一些挂着"山鲸"招牌的路边摊,通常据守在娼妓酒楼

▶ 江户时代的庶民并没有吃兽肉的习惯,荤菜以鱼贝海产为主,直到明治维新后猪肉牛肉才开始普及。

旁。娼妓当然也分等级，最下等也是最便宜的是"夜鹰"，一回合二十四文；利用小舟拉客的则是三十二文。二十四文，可以吃到六串路边摊的天麸罗。用六串天麸罗的价钱换取两小时的春宵，应该算是很便宜了，不过万一抽到"梅毒奖"，那后果恐怕比吉原游廓内"太夫"（最高级游女）的价格六两（二万四千文），还要恐怖吧？

第六节　便当苦，谁人知

日本到处都有"幕之内"便当，无论是具有地方特色的"驿便"（车站便当），或是唾手可得的便利商店便当，均可看到"幕之内"这个词（附记："便当"在大陆的说法是"盒饭"）。

话说，江户初期的便当，极为简陋，顶多是几个握饭团，再添些许酱菜而已。中期以后，庶民生活水准大大提升，便当也随着豪华起来。种类不但有"赏花便当""观剧便当""游船便当"，更有"郊游便当"。"幕之内"便当在彼时正是于观剧中场休息时吃的便当，现在则泛指菜肴很多的便当。

当时的"幕之内"便当的确非常实用，握饭都是扁扁圆圆的，一口一个刚刚好，且都经过烘烤，米饭不会干燥。菜肴也都是煮炖、熏烤的食品，不用担心会坏掉。

观剧是江户庶民的大众娱乐之一，由于是在室内，大家当然肯花钱买便当。但是碰到赏花时期之类的户外活动时，如果带便当去，江户仔便会奚落你"小家子气"。往昔的江户仔是典型的"今朝有酒今朝醉，明日愁来明日愁"

▶ 随处可见的幕之内便当，说穿了就是指综合便当。（茂吕美耶　摄）

气质,赏花时,当然便会将身上的钱大把花在各式各样的路边摊或酒店上,一家吃过又一家,不会小里小气地特地带便当来。这或许是因为江户是个罗汉脚都市,想带便当,也无从带来吧。事实上,现代人赏花时,除非你是单身汉,否则老婆若做不出一套五颜六色的便当来,反而会见笑于人。

大名或高阶级武士们的赏花方式则和现代非常类似。据古籍记载,1695 年时,德川"御三家"之一的纪伊藩(和歌山县)某家老(家臣头目)的家臣们,为了赏花,大家分摊出钱,从早上 8 点到晚上 8 点,一直据守在樱花树下吃喝玩乐。这时的饮食,当然不是便当,而是吩咐料理店特地送来的。这和现代企业战士们的赏花方式相同。

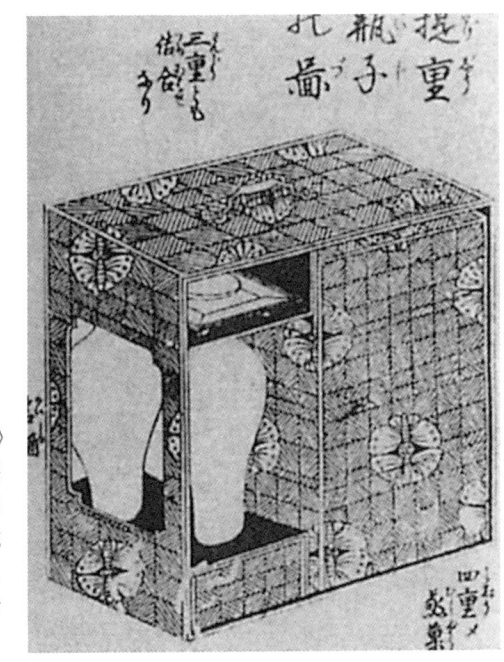

▶ 提重箱(《料理早指南》谦堂文库藏),由三层或四层木箱结合的便当组合,各层装有菜肴或者蒸甜点,并有酒瓶,方便出外赏花或观戏时携带。

▷ 一边赏花，一边吃菜饮酒作乐，这种习俗至今依然风行。（《大和耕作会抄》）

至于剧场，很抱歉，武士身份的人不能进场。德川幕府严禁武士们涉足吉原妓院区和剧场。话虽如此，有些下级武士还是会偷偷跑去看，只是武士身份的人，必须先将刀剑寄放在茶馆，不能佩刀进场。据说，有一位同样是纪伊藩的贵姬，到浅草参拜观音菩萨后，归途中由于想看一眼剧场内到底在演些什么，遂命令随从停下轿子，在入口处往内瞄了几眼，结果东窗事发，当天的随从武士全部受到切腹的极刑。贵姬呢？竟然以"无法结亲"之理由，被终身关在房里闭门思过。可见，当时的大名身份或武士阶级规矩一大堆，反倒不如庶民那般自由放荡。

说到便当，有时候真的会气死大名。江户时代的大名，跟现代的企业主管没两样，每天都要进城办公。而除非城内有特别仪式以外，午饭通常是便当。将近中午时，家臣会送便当到固定场所。由于家臣们不能进入殿内，大名的身边琐事通常是由殿内三百多名小和尚负责。这些小和尚俸禄很低，身份低贱，因而时常要手段。如果不时常馈赠这些小和尚一些礼品，他们便会故意领大名到别的房间，或假装忘记，不把家臣送过来的便当传给大名。大名碍于身份，既无法亲自去领取便当，又拉不下脸皮讯问小和尚，只能忍气吞声饿着肚子佯装风雅，到中庭观赏锦鲤或花木。

哎哟喂啊！大名真不是等闲人家担当得起的地位，还是当庶民比较幸福！

第七节　将军的餐桌

德川家康开创的幕府，执政时期长达 265 年，这段在世界史上堪称绝无仅有的和平时代，正是江户时代。直至明治维新前夕，将军宝座总计持续了十五代。

第一代将军当然是德川家康。家康长男信康虽然聪明睿智，却受到生母连累，奉织田信长之命切腹身亡。次男秀康本来过继给丰臣秀吉当养子，日后又成为下总国（千叶县与茨城县之间）结城家的养子。因此，第二代将军之位便由三男秀忠继承。四男、五男由于没有继任男子，仅一代便绝灭了。六男忠辉背了叛变嫌疑，受到贬为平民的处分，终身放逐他乡。七男、八男夭折。九男义直、十男赖宣、十一男赖房均各自独立，成为尾张（爱知县）德川家、纪伊（和歌山县）德川家、水户（茨城县）德川家之祖。此三家正是"御三家"，意思是说，要是将军家不幸没有正支，后继将军人选便必须自"御三家"中选出。

三代将军是二代将军的次男家光，也是巩固德川幕府根基的执政者。家光病逝后，四代将军家纲于 11 岁就位，幕府实权也就落在"大老"（官名）酒井忠清手上，家纲只是个有名无实的傀儡将军。以上是德川幕府的草创期。

▶ 谣传德川家康因为吃鲷鱼天麸罗食物中毒而死，实际上只是腹泻而已。

德川家康从小便尝尽颠沛流离之苦，终身以克勤克俭为宗旨，饮食方面也是极为俭朴，基本上是三菜一汤，特别爱吃纳豆。某些人误以为德川家康是因为吃了鲷鱼天麸罗而丧命，其实不是，他真正的死因是胃癌。二代将军由于父亲太伟大了，总是给人一种平庸无为的印象，不过，终究是有其父必有其子。

话说某天，二代将军在江户城内观赏料理名人表演"飨膳仪式"时，鲜溜溜的鲤鱼竟然蹦蹦跳跳弹出砧板，料理名人在一发千钧之际，用铁筷子接住鲤鱼。在场陪席的重臣们均发出感叹声，唯独秀忠面无表情。左右侍从问秀忠，为什么不褒奖料理人？秀忠回说："现在褒奖，如果下一步他失败了，余不是必须惩罚他？"可见，秀忠是个赏罚严明、一丝不苟的将军。至于"飨膳仪式"，是一种自平安时代承继到现代的吉庆传统仪式，规矩是料理人只能用窄刃刀和铁筷子，在砧板上生剖鲜鱼，双手绝对不能碰到鱼身。其原本的目的是让来宾目睹料理人的手没有碰到料理素材，以表卫生。这种仪式在现代日本依然到处可见，而此种料理方法又称"有职料理"，泛指京都式宫廷料理。

三代将军家光，生来体质就很虚弱，不但饭量小，又有口吃的毛病。家光的奶妈春日局，每天硬逼家光吃下七种米饭：菜饭（米饭中掺和青菜）、蒸饭（将米煮熟用清水洗过一次后再蒸成的软饭）、茶饭、粟饭、麦饭、红豆饭、拌麦饭（米饭中搅和着磨成碎片的小麦）。

▷ 三代将军家光体质虚弱，奶妈春日局便以七种米饭加以调养。

后来四代将军嫌七种太多，遂减至四种。

四代将军家纲虽是个傀儡政权，心思倒是极为细腻。有一天，家纲发现汤里混着一根头发，便若无其事地用筷子挑起来搁在膳具上。侍从见状，慌忙起身想去换取另一碗汤，家纲却制止道："如果将这件事传开，便必须惩罚负责料理的某个人。料理师傅们大概没人会故意犯错，千万别去责难他们，把汤偷偷倒掉，就当我喝下算了。"这样的气度实在是了不起！现代某些茶来伸手、饭来张口的小孩们，若是发现汤里有一根妈妈的头发，怕不吵得天翻地覆才怪。

德川幕府到了家纲这个时代，体制由武将专断演变为文治政治，所有政策都是由高官集团商讨后才做决定。家纲不但心思细腻，为人处事都非常谦虚，有"谦虚将军"之称，可惜享年仅 39 岁。

五代将军是家纲的末弟纲吉，上任后罢免了酒井忠清等大老重臣，恢复将军亲政体制。在位期间前半段还算是个英明君主，后半段因实施过犹不及的动物保护政策，结果弄得怨声载道，换来一个"犬公方"的蔑称。纲吉年轻时曾患脚气病，祸首当然是偏食与白米，召集了天下名医也是无效，最后找来占卜师，得一神谕："必须吃食西北方当地长在泥土上的东西。"纲吉于是下令在江户西北方的练马区建造别墅，每天吃食当地生产的新鲜蔬菜，又由于练马区的特产是白萝卜，吃到最后竟然真的痊愈了。

纲吉也是没有后代，只得收养侄子家宣为养子，让他登上六代将军之座。纲吉临死前，嘱咐家宣一定要持续他的"生物怜爱令"政策，没想到家宣在叔父葬仪还未结束前，便废止这个令所有鱼贩、禽兽肉贩们陷于长期失业状态的动物保护政策。又在将军别墅院子开辟稻田区,每年5月,让一些农妇来实际进行插秧作业,目的是想令将军夫人以及后宫女官们,亲眼观摩农民们的辛苦。

家宣在位四年便过世了,由年仅四岁的家继升任七代将军之职。小娃儿虽不懂事,却也明白父亲已不在人世,时常跑到父亲生前钟爱的能乐舞台上玩耍。某天晚餐,食案上有一条烤鳟鱼,娃娃将军只沾了一下筷子,就问侍从说:"爷爷吃过饭了吗?"娃娃将军口中的"爷爷",是当时的大老之一。侍从毕恭毕敬地解释说,爷爷已经下班离城了。"如果他还没吃过饭,这个,给他吃。"虽是娃娃将军的一句儿戏话,毕竟也是幕府将军的"御赐",于是,一条烤鳟鱼,恭恭敬敬地坐上了御轿,摇啊摇地摇到大老家。

每次重新看到这一段记录,我总是会情不自禁鼻酸起来。往昔的虚岁5岁娃儿,若是有幸降生在庶民家庭中,恐怕还可以赖在娘的怀里吸吮早已没有奶汁的乳房。但是,家继却不幸

▶ 武家社会相当讲究礼法,饮食供膳也有许多规矩。图为出自《小笠原诸礼大全》的示范。

生在可能一举一动都要讲究礼法的将军家,想吃一粒糖果,还得经过试毒手续才能入口。这样的生活样式,对一个五岁娃儿来讲,真会比庶民快乐吗?

家继在位三年,病逝,享年7岁。三代将军家光的血脉,便自此绝后了。

以上是将军家的繁荣期。接下来是"御三家"的活跃期,也是德川幕府将军家的转换期。

德川家康的九男是尾张(爱知县)德川家之祖,十男是纪伊(和歌山县)德川家之祖,十一男则是水户(茨城县)德川家之祖,这正是所谓的"御三家"。其中,水户德川家是"监护者",所有后继将军人选都要通过水户家评定后,再由水户家奏请天皇敕封官位。如果将军家不幸断后,或是后继者昏聩无能,也必须由水户家自全国各藩挑选出有能力担当将军之职的大名。这是德川家康生前的命令。

▶ 吉宗在饮食上效法家康以三菜一汤为主,是史上简朴有为的名君。

享年仅7岁的七代将军过世后,八代将军由纪伊德川家藩主德川吉宗就任。按辈分来讲,他是德川家康的曾孙。吉宗在位期间,不但普及种植甘薯,解决饥馑问题,更尽全力栽培高丽参。高丽参在当时是舶来品,也是万灵药,非常昂贵,而且某些商人、医生、官吏等,彼此串通进行黑市买卖,使不少孝女为了拯救双亲的疾病而自愿卖身当游女。吉宗历尽千辛万苦，最后终于栽培成功。

吉宗是一位贤明的将军，除了重整幕府经济，他本身也极为节俭朴实。他不但坚持只食三菜一汤，并强行实施"后宫缩编"，缩编方式非常有趣。他下令列出后宫姿色出众的所有女官名单。陪臣们起初以为他会留下这些美女，没想到吉宗却说："既然容貌不凡，应该嫁得出去，让她们回乡吧。"呜呼哀哉，人家正因为天生姿色秀丽，当初才会入选后宫当女官；再者，运气好一点的话，也许能够登上贵妃之座，倘若三生有幸怀了龙子，更可以显达门庭、称霸后宫。谁知将军裁员，首当其冲的竟是咱们这些美女，这……这……叫奴家怎一个"怨"字了得？

总之，即便是权力最大的大老，只要对方身着华丽服装，吉宗便会彻底漠视对方。难怪后人尊崇八代将军为"幕府中兴之祖"。

九代将军是吉宗长子家重，他在35岁时就任将军之职。家重生来体弱多病，又有语言障碍，据说只有侍从大冈忠光听得懂他到底在嘟囔什么。大冈忠光与辅助八代将军进行经济改革的大冈忠相是同一族的，大冈忠相也正是大冈越前守，江户名判官，但是大冈忠光却不拒绝贿赂，又一手掌握大权，也正因如此，幕府的支柱开始风雨飘摇起来。

这个时期，德川幕府另外立下"御三卿"，一是以吉宗次男宗武为祖先的田安家，一是以吉宗四男宗尹为祖先的一桥家，另一则是以家重次男重好为祖先的清水家。三家都是纪伊德川家的子孙，也是德川家康的曾孙与玄孙。

十代将军是家重的长男家治。这位将军承继了祖父的聪慧，日常生活也过得很节俭，却生性不喜执政，全权交由幕僚治理。

原本摇摇欲坠的幕府支柱，更加岌岌可危。

由于十代将军的嫡子于 19 岁暴卒（有毒杀之嫌），十一代将军便由"御三卿"之一的一桥家二代藩主承当。他正是历史上有名的德川家齐，于 15 岁时上任。家齐是好色绝伦的将军，后宫侧房总计四十人，膝下子女五十五人。据说幕府为了寻找这些子女的婆家与过继门第，伤透了脑筋。家齐非常喜欢与强精有关的食物。当时房州（千叶县）岭冈牧场是幕府专用牧场，好奇心很强的八代将军曾自印度进口三头白牛，养在岭冈牧场。到了家齐这一代，已经增殖至七十多头。家齐听说白牛酪可以强精固肾，于是在江户城内养了几头白牛，命专人制造白牛酪。另一方面，家齐又极爱吃姜，几乎每餐餐桌上都必定有姜。

十二代将军是家齐次男家庆，此时，幕府开始跨入结尾期。家庆最爱吃烤鱼旁边附加的甜醋姜芽（味道和寿司附加的姜片

▶《德川盛世录》所载的武家贺宴图，中央摆盆景与鲷鱼，实际上日常生活中并没有这么铺张。

类似，只是形状不同，细细长长的，整根食用），但是当时深得将军信任的"老中"（官名）水野忠邦实施了"节约令"（天保改革），而姜芽正是禁品之一。因此，每逢姜芽季节，就算是将军的餐桌，也不能出现禁品。日本有一句谚语："食之怨，不可结"（tabemono no urami ha kowai）。果然不错，三年后，水野忠邦就下台了。晚年，家庆遭遇"当幕府遇见黑船"事件，徘徊在开国与锁国之间，之后，过世。

十三代将军是家庆四男家定，这位将军和九代将军类似，脑袋有点短路，很喜欢自己下厨煮毛豆或甘薯，再让家臣品尝。这种将军其实很可爱，坏就坏在他不懂得火候，不是还未熟透便捞起来，不然就是煮过头成为"糨糊"，使家臣们吃也不是，不吃也不是。家臣们大概是毕恭毕敬地尝了一口，再叩头称赞："珍味，珍味。"而将军听后，也必定拍手欢呼："朕是料理天才！朕是料理天才！"吧。

不知道是不是太专注于煮"糨糊"，没闲暇到后宫，家定也是无后将军之一。结果，为了将军后继人选，幕府内分裂为两派，一是支持"御三卿"一桥庆喜的"一桥派"，另一则是支持纪伊藩主德川庆福的"南纪派"。结果，"南纪派"赢了，德川庆福当上十四代将军，改名为家

▷ 明治中期，德川庆喜至郊外狩猎时，以便当里的握饭团充饥。

茂，上任年龄是 13 岁。这位将军挺可怜的，在任期间黑船接二连三来造访，国内又刮起一阵讨幕旋风，在内忧外患交加下，幕府只得说服孝明天皇，请求天皇的妹妹和宫下嫁将军，以安抚讨幕派的情绪。由于将军夫人是京都皇女，后宫料理也就全部改为京都料理。家茂在第二次长州征伐时病殁（有毒杀之嫌），享年 20 岁。

十五代将军，也是末代将军，正是一桥庆喜。继任将军之职后，他恢复德川姓。十四代和末代将军，其实都是聪慧英明的指导者，尤其是德川庆喜，在十四代将军时期便一直辅助将军执政。明治维新的元勋木户孝允（桂小五郎），对庆喜十分警戒，评价说："绝对不能小看一桥庆喜的胆略，他简直就是德川家康再世。"

庆喜在位一年便毅然实施"大政奉还"，将政权还给年幼的明治天皇。老实说，以当时幕府的武器设备实力，是可以轻而易举歼灭讨幕派的，但是讨幕派求功心切，竟然犯下一个不可原谅的错误，那便是毒杀了反对讨幕的孝明天皇。而年仅 15 岁的明治天皇，在当时等于是讨幕派的人质，只能颤抖着双手，欲哭无泪地在讨幕密诏书上盖御章。30 岁的庆喜得知这项内幕消息后，马上宣布"大政奉还"，避开一场可能会让虎视眈眈的外国人趁机瓜分日本的内战。当时激烈反抗明治新政府的，都是详知讨幕派暗杀了十四代将军与孝明天皇之内情的藩主。

德川庆喜退位后始终保持沉默的原因，正在于明治新政府于初期所犯下的这个错误。当然明治天皇本身也深知阴谋背景。而讨幕派在目的达成后，冷静下来时，才惊觉他们犯下的错误，绝对不是后人可以原谅的罪行。于是，他们只能以功赎罪，全体抛弃私欲，发挥各自专长，同甘共苦地辅助年幼的明治天皇执政。明治维新能够成功，其实是基于这种赎罪感情的。

  由德川家康掀开帷幕的江户幕府，持续了 265 年的和平岁月，最后又由有"德川家康再世"之称的德川庆喜拉下帷幕。我想，假如德川家康地下有知，一定也会满意于庆喜的英明果断吧。

第二章 「生活」

第一节 和服

日本的传统服装是和服，虽说现代日本街头已经少见穿和服的女人，但在某些正式场合，和服依然是日本女人的最爱，例如元旦、成人式、婚礼、殡葬等。或许是物以稀为贵，时代越往前，和服的穿法与配件便越冗赘，这使现代日本女人对和服退避三舍。其实，观看一些幕府末期时代的老照片，可以看出当年的和服类似现代的T恤、牛仔裤，穿在身上，洗衣、煮饭、打扫、背小孩……样样得心应手，不像现代和服这般束手束脚。

俗话说"人靠衣裳马靠鞍"，一般来讲，日本人很注重外表，即使身上穿的不是锦衣，也要力求干净、整齐。事实上，江户时代的庶民们，穿的都是二手货甚或三手货的衣服，能够气派地坐着轿子直抵"越后屋"（现三越百货公司）或"白木屋"（现东急百货公司）的，只限大名、上级武士以及富商大贾。现代日本到处都有跳蚤市场，其源流正在江户时代。当时拥有旧衣铺买卖执照的，大约有三千人以上，如果加上底下的掌柜、伙计们，更是无以数计，可见旧衣市场规模相当大。

旧衣铺的商品，除了一般人拿来变卖的，也有死者的衣服，当然更有赃物。大名与上级武士们惯穿丝绸品，江户时代初期的庶民们则普遍穿麻布，直至中期以后，棉布才普及开来。对于吉原花街柳陌的妓女来说，和服内裙（内裤）是高级绯绉绸，只要颜色褪了，她们便会拿出来变卖，商贩们再重新将其染成黑色或紫色，缝制为头巾。待头巾也不能用了时，便废物利用再生为木屐的屐带或抹布。总之，由于制作一件和服很费时，要经过织、染、裁剪、缝制等过程，因此江户庶民们都是彻底利用到底。

话虽如此，江户仔当然也赶时髦、追流行，而走在时代先端引领时装潮流的人，正是吉原妓女与歌舞伎剧戏子。例如，17世纪末至18世纪初，歌舞伎剧的旦角为了令自己的身材看起来更接近女人，便在腰带两头放进铅坠，让腰带长长地垂落在身后，结果这在年轻女孩间流行起来。1817年，江户龟户天

▷ 1890年拍摄的吴服屋照片。所谓"吴服"原是指中国传来的织物，江户时代以"吴服"来称呼传统服饰，近代改以"和服"来代替。

神社（江东区 JR 龟户车站）院内的心字池太鼓桥竣工时，一些前来凑热闹的艺妓们便将腰带束成桥的形状，以示庆贺，结果不但流传开来，更延续到现代，那也正是现代最常见的"御太鼓结"（类似包包形状）。在这之前，和服腰带本来不用任何补助绳，艺妓们发明出"御太鼓结"后，腰带上才逐渐多了一些装饰带绳。

各式各样的和服中，最豪华的应该非"振袖"莫属。不过，这是未婚女性的盛装，已婚女性若是穿振袖，保准会见笑于人。想当年，川端康成荣获诺贝尔文学奖时，川端夫人正是穿振袖出场，说是为了想让国外人士见识"日本之美"，理所当然，社会舆论是毁誉参半。

振袖本来是江户初期舞伎们的服装，舞伎翩翩起舞时，长长的袖子荡来荡去，艳丽夺目，算是一种演出。江户中期以后，竟广传于商家年轻女孩们之间。振袖虽然华丽，但会限制行动的自由，很不方便。现代日本年轻女孩习惯在成人式穿振袖。据说，往昔有某些女孩于仪式结束后，会搭上恋人开的车直达宾馆，事后，由于不会穿振袖，只好打电话回家向妈妈求救。现在大家应该都变聪明了，懂得于事前准备另一套衣服吧。

与振袖比起来，"浴衣"吃香多了，不论男女老幼，一概通吃。这里所谓的浴衣，指的不是旅馆或住院病人穿的睡衣，而是夏季夜晚时，扶老携幼全家出门看祭典，或伴随恋人赏月时所穿的夏季轻便和服。最近的女性浴衣五花八门，迷你裙浴衣、露背浴衣、振袖浴衣，可以说是应有尽有。

浴衣，名副其实正是沐浴时穿的单薄内衣，缘起于 8 世纪的平安时代。当时的沐浴方式是蒸气浴，沐浴时人们习惯穿一

▶ 作者友人示范穿着传统振袖和服。(图片由霜村亚矢子提供)

件单薄内衣。后来有了浴池，人们开始泡热水澡，但这个习惯依然不变。江户初期，便比较开放了，沐浴时，男人只围着一条丁字布裤，女人则在下半身围着一条内裙。直至江户中期以后，人们才开始袒裼裸裎，一丝不挂地泡汤。这时公共澡堂已经普及，人们习惯在泡汤后穿上单薄浴衣，咔嗒咔嗒地踏着木屐回家。之后，才

▶ 穿着浴衣参加夏夜祭典的刈谷姊妹。

逐渐演变为外出用的浴衣。

　　浴衣似乎有美化女人的作用，平常在家当惯黄脸婆的女人，一旦穿上浴衣，就算脂粉不施，也可以令人眼睛一亮，惊为天人。而平常标新立异、奇装异服的辣妹们，换上浴衣，也会顿时化身为娇滴滴的姑娘。浴衣本来是女人出浴时穿的，而刚出浴的女人最美，难道是这个缘故令浴衣有美化女人的作用？

第二节 女人的天性

爱美是女人的天性,江户时代的女人当然也不例外。当时,美人的条件是:皮肤要白且细腻,额头发际要好看,头发要长且光亮,嘴巴要小并抹红。为了达到这些条件,江户女人可是费尽心思,几乎家家都有一本《都风俗化妆传》。这本化妆大全,于1813年刊行,直至明治时代末期,一直是日本女人的"美人指南经典",畅销时间长达一百多年。书中内容不但有各种化妆法,也包括礼节服饰、举止动作、内在修养等。

书中有不少于现代也可以沿用的美容方法,例如淘米时,将淘米汁存下来,然后倒掉上面的清水,留下最底层的沉淀物,晒干,磨成粉末,每天睡前用水调成乳液,涂在脸上,可以使

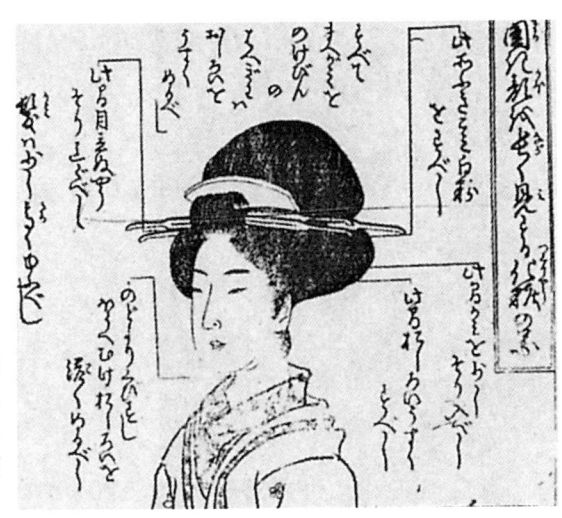

▶ 1813年刊行的《都风俗化妆传》,针对不同的脸型,详细记载该如何化妆的细节。

肤色变白。这样既省钱，又不用担心化学物质的危害，一举两得。洗脸时，通常用米糠粉，要不便是莺粪。最有趣的是，用淘米汁炖猪脚，炖成糊糊，每天晚上睡前抹在脸上，第二天早上再用淘米汁洗掉，据说可让皮肤变得细腻，也能防止皱纹。猪脚、鸡翅膀等，含有大量胶原，多食可以防止皱纹，是近几年才普及开来的常识，市面上也有各种胶原美容液，没想到两百年前的江户女人们早已经在力行了。

化妆水之类的，自古以来，便有利用米糠或红豆粉、丝瓜茎液等作天然化妆水的。宽永年间（1624—1634），出现了提取自野蔷薇的"花之露"，马上成为炙手可热的畅销品。1809年，通俗小说家式亭三马出售"江户之水"，大瓶的售价是一百五十文，相当于现代的三千七百五十日元，也立即成为供不应求的商品。当时没有版税制度，因此式亭三马的小说再怎么畅销，也无法靠稿费维持生计，可说是完全仰赖化妆水在支撑他的写作生涯吧。有关江户时代的美容逸事，石之森章太郎的《化妆师》漫画（正、续两册），有详细描写，非常好看，是短篇连作，而且也拍成了电影。

口红的原料是红花，属天然物质，不会危害人体。口红于1673年左右开始流行起来，带动流行风潮的当然是吉原娼妓们。但是，口红膏价格很贵，涂一次，要三十文，江户后期虽出现了化妆品行贩，化妆品已经普及开了，但是最便宜的口红膏也要三十文以上，高档货的价格更有一两、二两的，相当于现代的十万、二十万日元，这恐怕只有大名夫人或富商妻小才用得起。

话说回来，江户时代无论男女，都很讲究服饰仪容，穿红

▶ 溪斋英泉笔下涂抹白粉的女子,左手持的是当时流行的式部毛刷。

着绿也都依身份地位而各有各的规矩，例如身穿振袖、发型梳"岛田髻"的，一定是未婚女性；将牙齿染黑的，肯定是已婚妇女；牙齿不但染黑，又将眉毛剃光，则必然是膝下有孩子的妈妈。男人也可以从服饰、发型、装饰品等，看出其身份与社会阶级。现代日本依然保有这种习俗，显著例子正是制服。在外国人眼里看来，这或许是一种无形的拘束，但对日本人来说，有一个"外壳"，反倒比较轻松。至少不会发生"狗眼看人低"的糗事。

由于婚后必须染牙剃眉毛，江户女孩在催促迟迟不肯求婚的恋人时，惯用句是："你什么时候要剃人家的眉毛呀？"而通常眉毛稀薄的女人，如果不画眉毛，看上去会比实际年龄苍老，所以剃掉眉毛，也算是一种守贞手段。然而，年轻妈妈即便剃掉眉毛，也会留下青色的痕迹，这在江户男人眼里看来，竟成为"年轻老婆"的指标。男人想暗地自夸自己娶到一个年轻老婆时，一句"哎，咱家老婆已经当娘了，眉毛痕迹还青得很呢"，保证可以获得满堂既羡慕又嫉妒的吆喝。万一在已婚后不幸成为未亡人，持续染牙剃眉，则表示当事者没有再婚的意思。

把牙齿染黑，以现代人眼光来看，似乎很恐怖，不过，染牙的另一个目的，是预防蛀牙与牙周病。有怀孕经验的女性应该都知道，怀孕期间，由于胎儿会吸收母体的钙质，继而影响到母体的牙齿，所以染牙习惯也并非完全是一种装饰。

男人呢？有把戏可以玩吗？当然有。一般男子于15岁成人后，必须剃光前额与头顶部，再将两鬓与后脑勺的头发束起来，盘在头顶。这个小尾巴，正是男人们争长竞短的孔雀屏。据说，

▷ 约拍摄于1870年的照片,已婚妇女正忙着用工具将牙齿染黑。

是织田信长那个时代开始用剃刀,在那之前则是用拔的(好痛!),目的是防止戴头盔时因闷热而头昏脑涨。这种发型对秃顶男人最有利,不过,恐怕也要看秃到何种程度,因为当时便有"水壶头""苍蝇滑梯"等讪笑词了。

既然头顶童山濯濯,炎夏与寒冬当然会受不了,于是头巾便成为江户男子的服饰必需品之一。头巾不但可以避暑取暖,也能当成围巾,更是武士们偷偷跑到吉原妓院区寻花问柳时不可欠缺的道具,效用相当于现代人的墨镜或帽子。

另一样把戏是闷骚型的"裈",也正是丁字裤。不要以为是内裤,便可以随便缠一条破烂布了事,这可是江户男子美学的原点。一般庶民通常用棉布,有钱人则喜欢用丝绸高级品,或大红丝绸,或花纹丝绸,来到公共澡堂泡汤时,全体外壳一脱,真是姹紫嫣红,花团锦簇。唯独可怜的武士们依然不能作怪,一律用白色高级丝绸。

据说,男士们的那两粒"金玉"(日语),为了要有效制造精子,温度必须维持在35℃左右,忌讳高温多湿。然而,现代的男性内裤，无论是紧身的三角裤还是宽敞的四角裤，都无法达到十足的护卫作用；前者湿闷，后者晃荡，或许，丁字裤才是最佳拍档？

▷ 男子行成人礼后，需将前额与顶部的头发剃光。

第三节　长屋

德川家康在建设江户时，首要目的是树立武士当政的政权，因此，武士门第与庶民阶级的居住环境，便有云泥之别。大致说来，市区内百分之七十都是武士门第宅邸，剩下的百分之三十，一半是寺院与神社，另一半才是庶民的天地。而江户人口大约是一百一十万人，其中，幕府臣子与陪同诸国大名到江户赴任（参勤交代）的家臣，总计有五十多万人，庶民人口也是五十多万。五十多万庶民挤在百分之十五、二百七十万坪①的土地上，居住环境也就不可能称心如意了。有不少欧美人喜欢讥刺现代日本的住宅是"兔窝"，如果让他们目睹江户时代的庶民大杂院，恐怕会瞠目结舌地说是"老鼠窝"吧。

"长屋"，正是当时的大杂院称呼。一般分"表长屋"与"里长屋"两种。"表长屋"是店铺兼住居，二楼建筑，通常是五金行、杂货店、蔬菜店、鱼贩等小商家；"里长屋"则是这些商店后面小巷的平房，一栋里长屋有六个隔间，每个隔间只有三至五平方米左右。百分之七十的江户庶民都是住在这种"里长屋"隔间内。富商大贾自然是又当别论了。

三坪大的隔间，入口处是泥巴地，搁着水缸与炉灶，鞋子一脱，便是四席半大的榻榻米房，白天是客厅，夜晚摇身一变成为卧房。厕所与井水、垃圾场设在屋外，大家共享。隔间与

---

① 土地或房屋面积单位，1 坪约等于 3.3 平方米（用于台湾地区）。——编者注

▶ 里长屋的风景。宽政时期闹区日本桥本町的月租金一坪就要银四钱五分,但偏僻地区同样的一坪只要五分而已。

隔间之间,只是一面薄薄的板壁,这样的居住环境,可想而知缺乏所谓的隐私。然而,却也正是这种东鸣西应的环境,促成江户人将心比心的人际关系。

日语有一句"井户端会议",意思是女人家凑在一起摆龙门阵的情形,这正是从江户时代沿用下来的词。想想,将近二十户人家共享一口井的话,女人家每逢洗衣、煮饭时间,必定会聚集在井边,你一句我一句聊个没完,这岂不是跟定时会议非常类似?男人也会于朝晚盥洗时,聚在井边交谈家常。因而"井户端"在江户时代是一种极其重要的社交场所。用在现代,便成为公园、巷口、公司食堂,甚至是网络聊天室,女人家们聚在一起东拉西扯的代名词。

说到这个"井",其实相当于现代的自来水。基本上,江户

▶ 大家都围聚在井边洗衣打水,东家长西家短,"井户端会议"一词于焉诞生。

是个填海都市,地下水都带有盐分,不能饮用。井里的水,源头是井之头池(三鹰市)与多摩川。德川家康于1590年迁移到江户之前,便派人事先调查了这里的给水环境。1644年完成了汲取自井之头池的神田上水供水系统后,1655年,源头来自多摩川的玉川上水供水系统也相继竣工。这些上水,都是经由埋在地下的导水管,四通八达地传送至各个木井内的。井是木头制的桶子,埋在地下的导水管也大多是木制的,要不便是石制的。大概仅有供水系统,没有社会阶级之分吧——江户城内如此,大名宅邸也是如此。江户仔引以为自豪的条件之一,正是"咱家给初生婴儿洗澡就是用的自来水"。

由于井是木制的,每年七月七日,所有居民都要自动放假一天,齐心合力举行一次大扫除。大家先将井内的水打上来,再请洗井专家下去洗涤,一切完毕后,盖上盖子,最后上供酒与盐。当天晚上,大概免不了又是一场欢宴。江户中期以后,挖凿技术进步,才开始出现深井,可以用来汲取良质的地下水。尤其是需要大量用水的澡堂与豆腐商店,通常会请人挖掘自家用的深井。

至于垃圾,无论现代或是江户时代,都是令执政者头痛的问题。江户初期,人们都将垃圾丢弃在住家附近的河川或空地,第三代将军家光执政时,人口日益增加,幕府才首次正视垃圾问题。1649 年,幕府不但命令居民必须定期清扫下水沟,更严禁随地乱丢垃圾。日本人不乱丢垃圾的习惯,原来早在

▷ 拿萝卜交换粪便的商人。

三百五十多年前便已经养成了。1655年，幕府更下令各个行政区必须定期收集垃圾，并雇船将所收集的垃圾运到隅田川下游，也正是现代的东京都江东区那一带，当时那一带是芦苇丛生的沼泽地。1666年，幕府又制订了垃圾承包商管制法，由垃圾承包商专门负责定期搬运垃圾。这种利用垃圾填海造地的方式，一直承袭至三百多年后的今日。

另一个问题是粪便。江户人既然能够将垃圾化腐朽为神奇，当然也不会漠视人体的排泄物。日本由于农耕地寥寥可数，早在12世纪初的镰仓时代便开始运作一年收成两次的农耕方式，这和双季稻不同，是让稻米和小麦等不同农作物轮番收获的方式。为了维持农耕地的生产力，肥料是不可欠缺的资源。而粪便正是最有效的有机肥料。

丰臣秀吉时代，在京都至九州岛一带传教的葡萄牙传教士，曾经写下一本《日欧文化比较论》，书中惊叹道："我们是付钱给搬运粪便人，日本却是搬运人来购买粪便，付钱或米给拉屎人。"《日欧文化比较论》刊行于1585年，可以想见，战国时代便已经有粪便买卖这个行业了。不过，这很可能是京都以西是农业先进地域的原因。

据说，粪便也有等级之分：江户城的当然是上等货，再就是大名宅邸，其次是武士门第，然后是庶民，最廉价的是牢狱。果然是"要问粮食多少，先看粪堆大小"。江户城与大名宅邸，起初是挑选固定的地方名士负责粪便问题，只要定期派人来清扫厕所，城内与宅邸内的"上等货"通通免费。没想到粪便也有行情，年年涨价，这些负责打扫粪便的人士，全都成为富商。结果，惹来一大堆身怀谢礼前来要求分羹的人。后来实在不胜

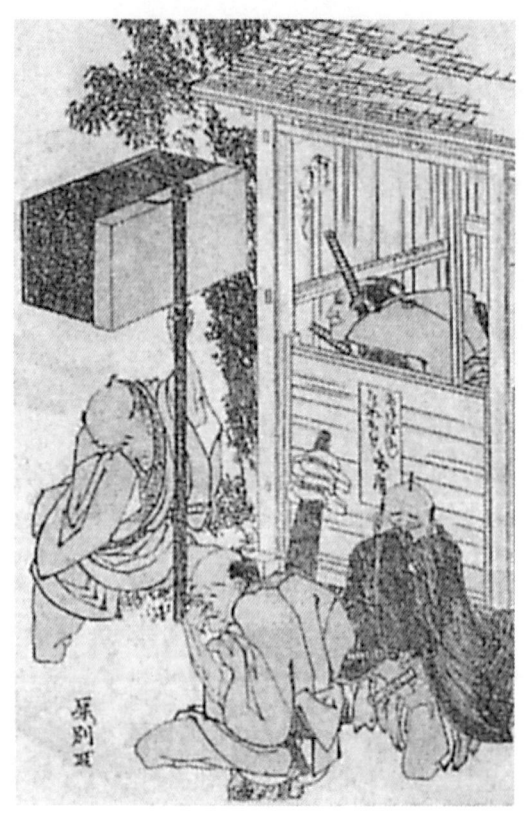

▷ 长屋住户公共的厕所，通常只有遮住下半身的半扇门，通风，但也臭气四溢。图中武士正在蹲厕，旁边随从无不遮掩口鼻。

其烦，便改为招标方式。

　　江户人的厕所，通常分大、小两间。当时已经有厕纸，正是"浅草纸"，是一种再生纸。厕所当然都有门，不过，只能遮住下半身，换句话说，谁正在拉屎，看门上方的"头颅"就一目了然。夏天的话，应该很凉快，便秘时不用担心"嗯"得满头大汗；可是冬天呢？光着屁股难道不会感冒？

　　正话休题，来点闲话。话说江户末期盛行一种"妾妇道"，力行"妾妇道"的是一些以色艺为业的女子。这些女子应该都是美人胚子，否则不可能在这行出道。当时的小老婆，名目是"雇工"，每个月可以拿津贴。但是，在正式进入雇主的别墅"奉公"之前，通常可以先领到一笔治装费，至少三五两（一两大约相当于现代的十二万日元），碰到情有独钟的大名或富商，甚至可得十至二十两。

最初，妾妇们会尽量向主人与周遭的长工们讨好卖乖，之后在主人枕席旁撒娇卖俏，尽情揩油。一段日子后，于严冬某个夜晚，趁主人刚入睡时，故意尿床，制造"大洪水"惊醒主人。这样连续四五次，就算是主人再恋恋不舍，通常也会请爱妾另寻一片天。这时，主人又必须掏出一笔赡养费，让爱妾走得无牵无挂。爱妾呢？表面上哭哭啼啼，内心却偷笑着再去找下一个"凯子"了。

第四节　明日黄花

江户人的住居寒微简陋，主要是因为火灾频发。1659年刊行的《武江年表》中有一段记载着："正月二日至三月二十四日之间，火灾次数高达一百零五次。令众人不得安宁。"仅仅八十三天之内，便发生上百次火灾，可见每天都有火灾。而且在这上百次火灾中，烧掉整个小镇的大火有两次。据说，几乎大约每隔十年，就会发生一次大规模火灾。

由于火灾频繁，地主通常不肯花费巨款建筑精致完备的住屋，反正庶民陋屋和大名宅邸的命运相同，难逃经过十年便会付之一炬的寿数。庶民当然也明白这个定律，因而四席半大的窝铺内，没有任何值钱的家当，都是最基本的日用品。只要一听到通知火灾的钟声，只身逃命要紧，根本不会去想搬出碍手碍脚的家当。江户人的"今朝有酒今朝醉"气质，正是源自这种"明日黄花"的居住环境。也因此，江户人都将赚来的钱花在吃喝玩乐上。

江户时代的"长屋"，所有者是地主，管理者则是"大家"，即房东之意。房东的身份虽也是庶民，但地位比一般庶民高一阶，相当于基层行政人员，每逢江户城举办大祭典时，有资格进城观赏能剧之类的贵族传统娱乐。

基本上，江户是行政自治区，公家的行政机关是"町奉行所"，实际上的最高负责人则是"町年寄"，即长老之意。"町年寄"有三名，是世袭制度，都是自三河国（爱知县）跟随德川家康过来的名门世家。其次是各个市镇的"名主",相当于区长,总计有二百六十多人。再次是地主。最末端的正是"大家",也就是房东。

轮月班的"町年寄"每天都得到奉行所上班,检视幕府所下达的命令或指示,然后呼唤轮月班的"名主",交接签过名的文件。各个"名主"再将文件传递给各地区的地主,最后转交到房东手中。房东会将文件贴在各栋"长屋"的出入口处,如果有不识字的人,房东还必须负责讲解文件内容。总之,房东的职务相当于现代的总务单位。

相对于"大家",房客的称呼是"店子"。这个时代的房东与房客,关系类似亲子,房客的日常琐事,包括红白事、求职,

▶ 江户时代的公家机关是町奉行所,历史上以享保二年(1717)出任町奉行达19年的大冈越前守忠相最为出名。

甚至是夫妻吵架、离婚、四邻不和等，都要房东出面做主或调停。再加上区公所的公事、扣押嫌疑犯或囚犯、补修道路、巡视火灾、监督夜警，以及掌管町内（社区）的财务账目和出纳，等等，整天有如打着灯笼赶嫁妆，两头忙。

房东还掌管居民户口登记的工作，因此，失业中或身份不明的人，很难租得到房间。只是，天天都有火灾的话，居民根本不用担心没有工作可做，只要身体健康，即便三天打鱼、两天晒网，也不怕会饿死。实际上，身上一毛钱都没有时，只消出门打两天零工，便可以赚得一个月的房租。再说，一般庶民没有所谓的所得税或人头税或健保费，负担比现代人轻松多了。

▷ 长屋房东虽要负责许多杂事，但也小有权力和好处。

至于一些有关基本设施的建设费或文娱活动的资金，例如消防、用水、祭典等，都由地主们均摊。

虽然房东的权力很大，但是肩负重责，房客中若是有人犯罪，房东便会受到连累。轻者，罚款或被驱逐出境；重者，则流放孤岛。为此，房东不得不积极介入房客们的开门七件事中，摸清每个"孩子"的底细。

然而，身为房东，甜头也是很大的。新房客在搬家进来时，必须赠送"礼金"给房东，通常是二三两左右，另外再送料理，表示"往后请多加照顾"的心意。这种习俗，一直流传到现代。当然现代的"房东"指的是地主，而"礼金"的行情通常是两个月房租。搬家进来后，免不了得向左邻右舍一一打个招呼，以免日后人家看你不顺眼，处处刁难，弄得日子不好过。这个向左邻右舍打招呼的习惯，也流传到今日。如果是独门独户的住家，打招呼的对象是左右两家、对面三家；公寓住居，则是左右两家、上下两家。礼品不用太高级，肥皂、毛巾等日常用品便可以了。

房东除了有礼金可拿，还有地主支付的俸银，另外是房客的粪便处理，以及房客们用过的酱油、酒、味噌等空木桶的买卖权力。其他应该还有种种外快。做得好，一生不愁吃穿，甚至可成为小富；做不好，随时有被解雇的可能。这种工作，大概只有天生古道热肠的人才能胜任。

第五节　江户仔气质

榻榻米的汉字是"叠",顾名思义,正是想用时才拿出来用,不用时可以折叠起来收存。《古事记》(成书于712年)中有一段记述第十二代景行天皇入海时的模样:"将入海时,以菅叠八重,皮叠八重,绝叠八重,敷于波上而下坐其上。"可见当时的榻榻米是将多数草席重叠而成的。到了平安时代(794—1185),开始出现类似现代的榻榻米,不过厚度比较薄,可以夹在腋下搬动。那个时代的榻榻米,质料、厚度和镶边颜色都有规范,依客人的地位而有区别。镰仓时代(1185—1333)时,是在房间四周铺上榻榻米,仅留下中间部分是地板,不再将榻榻米搬来搬去了。接下来是室町时代(1336—1573),彼时,房间面积逐渐缩小,于是便将整个房间全部铺上榻榻米。不过,直至江户时代中期,榻榻米始终是贵族阶级的家具之一。

日本有一句俗谚:"老婆和榻榻米,越新越好。"还有一句:"醒时半叠,睡时一叠(生活空间的最小单位)。"都是江户人留下来的熟语。江户时代中期,榻榻米已经普及到庶民之间,只是却仍是家具之一。也就是说,地主于建筑长屋时,不必刻意铺上榻榻米,因为房客们会自己带过来。日本的夏天高温多湿,木制房子和榻榻米其实正是最佳拍档。第二次世界大战后初期,日本一般家庭依然保有一年晒两次榻榻米的习惯,现代因为地窄屋稠,已经罕见在自家门口晒榻榻米的光景了。

江户人的长屋,顶多只有三至五坪大,一坪大约是两个榻榻米，这样换算下来，去掉玄关前的厨房，房间顶多只有四叠半或六叠大，以现代人的观点来看，晚上睡觉时只能铺一床或两床被子而已。如果一家有四口，到底怎么睡觉？

其实江户人睡觉时只有垫褥，没有盖被，当时的盖被是"夜着"，也正是睡衣，相当于中国的大棉袄。夏天时随便盖件单薄外衣，冬天才裹着大棉袄入睡。也因此，铺上两床垫褥，父母与孩子成"川"字形挤在一起，勉强还是睡得下的。不过，关西方面似乎已经有盖被了，这可能是因为往昔贵族阶级都集中在京都吧。垫褥下又铺上一床硬垫，最上层再铺上床单的习惯，则是明治时代以后的事了。

清晨 6 点左右，房东会打开长屋的大门（巷子出入口），夜晚 10 点左右再锁上。江户后期为了防范，有些长屋在 8 点便紧

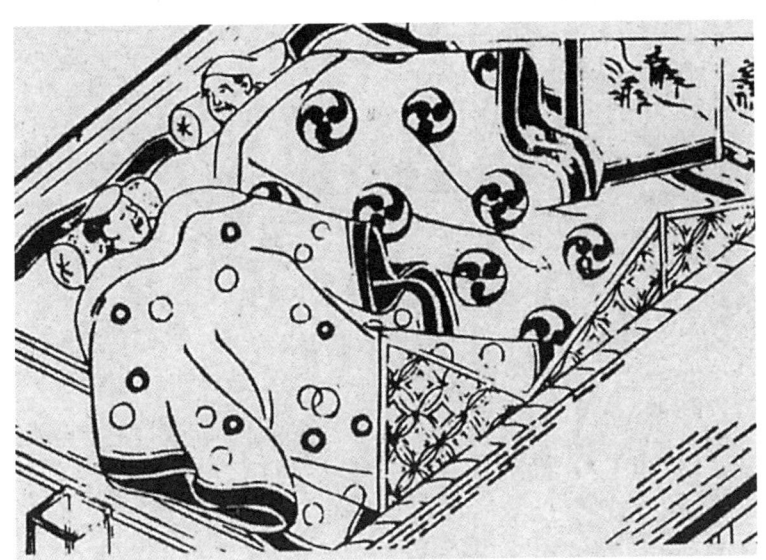

▶ 江户庶民睡觉没有盖被子的习惯，而是以犹如大棉袄的夜着来当被盖。

闭门户，不让房客进出。由于长屋的房客大多是技匠或是沿街叫卖的小贩，碰到雨天，只能像笼中鸟，蹲在家里跟老婆大眼望小眼。若是燕尔新婚的夫妻，四叠半大的空间，正适合你侬我侬；但若是老夫老妻，与其相对无言如坐针毡，不如冒雨跑到澡堂二楼找人下棋去，或到理发店跟邻居老王老张闲嗑牙。澡堂和理发店，正是当时的社区联谊中心，尤其是澡堂二楼，只要付些许茶资，窝上一整天都无所谓。

至于单身汉，通常会呼朋引伴跑到头头家，白吃白喝一顿，甚至干脆呼卢喝雉地赌起来。身份是头头的技匠，大凡已经脱离长屋生活，住在面向大街的商家二楼（老婆很可能正是一楼商店经营者），房间数也不只一间。

基本上，所谓的"江户庶民"，主要人口结构是商人与职人（技匠）。职人的职业形形色色，估计有上百种；商人则是店家

▶ 制作木碗的工匠。《和国诸职绘尽》描绘江户时代各种职人，而这些职人几乎可以说是江户仔气质的代表。

与盘街贩子。当时的职人，就属木匠和泥水匠最为风光，职级相当于现代的建筑师吧。也难怪，每天都有火灾的话，只要学得一手木匠与泥水匠技能，走遍整个江户都不怕没饭吃。再说，那时候的工资不是按月计算的，也没有什么员工雇用契约，只要做一天，当天便算一天工资给你，这也是江户人胆敢卖狂说"身不怀隔夜钱"之因。手艺好，便能当上头头，脱离长屋生活。

没有技能也不用紧张，只要身体健康，双臂有力，能够挑起一把叫卖担子便行了。身强力壮的可以叫卖蔬菜、鲜鱼、木炭、油、盐、豆腐、刀刃、金鱼，甚至是租书；先天不足又后天失调的人，也可以叫卖鸡毛（用在毽子板上）、诗笺或色纸（七夕节用）、浮世绘（号外新闻）等。万一穷得连担子也买不起，那就准备一支锥子，于清晨或傍晚沿街喊着："吹火竹筒穿——洞——！"一定会有女人家叫你过去帮她生火的。总之，只要肯干活，就不怕会饿死。

还有一种是"奉公人"，也就是雇工、店员。奉公人又分"武家奉公人"与"商家奉公人"。膝下有女儿的父母，通常会千方百计送女儿进武家当奉公人，主要是让女儿学习武家的种种严谨礼数，以便将来可以嫁入好人家。江户初期，一般庶民出身的女孩儿，是无法进武家当丫头的，中期以后，庶民人口逐渐增加，武家丫头这行业遂成为黄花闺女最吃香的出路。要不，便送到歌谣、三弦琴师傅那儿学一技之长。

商家奉公人通常来自地方城市，这是因为江户的商家大多是三重县与滋贺县人（"越后屋"的三井财阀正是三重县人），乡亲们总是会攀亲托熟地送家中男娃上京来打拼，期望儿子能在江户闯出一番事业。商家奉公人虽然不愁吃穿，然而毕竟是

▶ 奥村政信笔下的《骏河町越后屋吴服店大浮绘》(局部)侧写出享保年间商家奉公人忙进忙出的模样。

寄人篱下,日常生活非常严苛,尤其是大规模的商店,奉公人数动辄两三百人,想在两三百人间脱颖而出,谈何容易?不过,如果能够一直升任到掌柜职位,很可能可以获得商店分号,自立门户。

如此,职人气质是"今宵有酒今宵醉",商人则是"今夕要为明日计",而江户庶民人口比例却又是职人占上风,可想而知,所谓"江户仔气质",便非前者莫属了。

第六节　寺子屋

19世纪中期，勉强可以识字的伦敦庶民阶级小孩，不到全体的百分之十，会写字的孩子，比率更低。法国于1881年实施义务教育法，但实际就学率竟只有百分之一点四。1920年沙俄时代的莫斯科，儿童就学率也仅达百分之二十。同样是1920年的大正时代，日本全国儿童的平均就学率便已高达百分之九十以上。而19世纪中的幕府末期，根据记录，庶民阶级男子识字率已达百分之五十四，女子则是百分之二十左右，武士阶级当然是百分之百。这是全国平均数字。若只挑首都江户来看，无论是富裕商家，或是住在长屋的贫户，男女庶民的识字率，均高达百分之九十以上。换句话说，江户时代的日本，是全球识字率最高的国家。

难道德川幕府这么尽力于庶民教育？当然不是。当时担当市政的政府机关是"町奉行所"，公务员只有二百九十人，不但要掌管一般行政，还要兼任警察、法院等业务，根本顾不得江户五十五万庶民的教育问题。真正肩负教育大任的是"寺子屋"，也就是私塾。幕府末期，光是江户便有一千多家私塾，全国则有将近两万家。私塾教师的身份阶级比率是：庶民占百分之四十，武士占百分之二十六，僧侣占百分之十八，医生占百分之九，神官占百分之七。大都市又由于女子就学率很高，因而有三分之一的教师是女性。

小孩满六七岁时，双亲便会带着孩子到附近私塾拜师入学。

当时没有所谓的学区限制,完全依凭父母判断,而父母判断的根据,理所当然便是街头巷尾的口碑了,可见并非阿猫阿狗都可以设立私塾。私塾规模有大有小,小私塾的学生人数大约十至二十,大私塾则多达二百。通常是男女共学,而学生年龄也不一,教授方式便只能个别指导,教材和学习年限也没有一定之规。现存的江户时代教科书,据说有七千种以上,那么,当时应该更多才对。

孩子一旦入学,首先必须学的是平假名、片假名,再来是汉文,童蒙诵读之书的《三字经》《实语经》《童子经》等都是必修课程。书法、算盘和地理也是必修课程。其他如书信模板、商业用语模板、农业用语模板、木匠用语模板等,也都是全国性的共通教科书。大概是想让孩子们于十二三岁毕业后,可以自由选择职业吧。

每个月有三天假日,初一、十五、二十五日,碰到节日或祭典通常也放假。元旦假期最长,大约一个月。至于入学费,

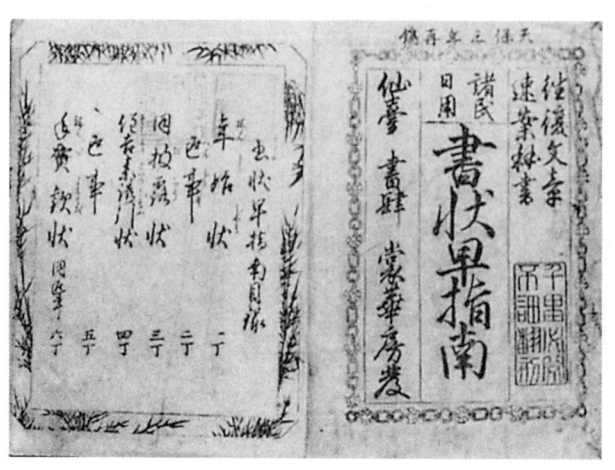

▷ 寺子屋教授的课本种类繁多,各地方皆各自发行版本。图中为仙台版往来本《书状早指南》。

竟然是"随意",换句话说,没钱人家可以送一盒饼干或扇子聊表心意,农家也可以送自家栽培的新鲜蔬菜,有钱人家才包红包。学费一年仅收两次,这也是随意的。总之,当时的私塾老师算是一种义工,而庶民对孩子的教育观念则是"有钱出钱,有力出力"的公益响应,有钱人家多包一点的话,没钱人家就不用担心孩子将来会是个文盲了。这大概跟"孩子是共同财产"的观念有关。当然啦,即便没钱交学费,家长也要自己负担孩子的文具。

私塾老师得到的回馈是世人的尊敬,此外,往昔的师生关系通常能够维系一辈子。学生毕业成人出社会后,每年还是会于中元节、岁末送礼品过来。就业、结婚、生子、升任等人生关键时刻,都会向老师报告或商讨。当时的私塾老师,或许无法大富大贵,但很可能也不至于三餐不继,愿意当收入不多、操心劳神的义工老师,主要目的还在于成就感吧。

武士阶级的学校是"藩校",校规非常严格,教育水准也比私塾高许多。通常一般庶民自寺子屋毕业后,如果想再升学,可以进藩校,但除非成绩特别优秀,否则庶民子弟很难和武士子弟并坐于同一课堂。这时,便只能去读高等私塾。江户中期至幕府末期,以教授西欧文化为主的高等私塾与日俱增,尤其是幕府末期,众多不满足只教授朱子学的藩校武士子弟,纷纷转学至高等私塾,与庶民知青平起平坐。明治维新后,日本能在短期间吸收并消化西欧文化,其基石正是这些高等私塾。不过,高等私塾不比寺子屋,除了学费必定要交,有些私塾是寄宿制度,那就要另外交伙食住宿费了。

中国向来认为女子无才便是德,江户的教育妈妈们可不作

「 江户日本 」

▶ 在师傅家学习三弦和舞蹈,江户时代的女孩必须学习多项技能。

如此想。江户本来就是个男多女少的城市，因此，只要运气好，或天生长得标致，从小在长屋长大的女子也是有机会成为麻雀变凤凰的主角的。而要想让麻雀变成凤凰，最佳办法便是将麻雀送进凤凰窝，也就是让女儿到武士宅邸奉公。式亭三马的《浮世风吕》中，有一段描写了当时女孩子的日常生活：

> 早上起床后，就要先到书法老师（寺子屋）家排列书桌，再到三弦老师家接受早朝补习。然后回家吃饭，吃完饭马上到舞蹈老师家练习舞蹈，再到寺子屋上课。下午两点，回家吃午饭后，才能到这个钱汤来洗澡。等一下回家还要练习三弦和舞蹈，这时候可以偷玩一下。太阳下山后，还要到古琴老师家学琴。忙得根本没时间玩，一点都不好玩。

这是10岁左右江户女孩子的一天。看样子，女孩子必须学的东西比男孩子多。除了阅读书写，还得能歌善舞。商家雇用女工时，工作性质是体力劳动，因而对象通常是年轻力壮的农家女孩。但大名或旗本雇用庶民侍女时，必备条件之一正是能歌善舞。

江户妈妈们费尽心机也要让女儿到武士宅邸奉公的主要原因，是可以在宅邸内学习武士阶级的礼仪与教养。再说，出入大名宅邸的人，几乎都是武士阶级，幸运的话，或许可以一步登天当上武士家庭夫人。就算变不成凤凰，退一步当大商家的媳妇也不错，因为大商家娶媳妇时，通常喜欢挑曾经在武士宅邸接受过礼仪教养训练的女孩。万一由于种种理由，必须终生守空闺，只要熟习一手琴艺，将来也可以当"麻雀虽小，五脏

▶ 铃木春信的锦绘《阿仙的茶屋》主角是谷中笠森稻荷神社前的键屋茶馆姑娘,笠森阿仙在当时被推举为江户第一的美女。

俱全"的琴艺老师，自己养活自己。

没钱学一大堆东西的女孩子，只要有些姿色，也可以去当茶馆的"看板娘"。茶馆看板娘的手艺是泡茶，能够泡出一手好茶，又善应对，自然会有浮世绘画师慕名而来，免费帮你宣传。江户最有名的茶馆姑娘大概是笠森阿仙。阿仙最后嫁给了将军家直属的"御庭番"（情报治安单位），而且不是二奶三奶之类的侧室，是正房，这也是麻雀变凤凰的典型例子之一。

美貌，似乎也是一种天赋才能，就看当事者怎么运用了。

「情色」

第三章

第一节　大江户恋爱

　　江户时代初期，无论是德川家康带来的家臣，或是商家自乡里征召上京的店员，抑或离乡背井只身到江户打天下做粗工的挑脚汉，均是男人，因此，江户可以说是典型的"男性都市"。于是物以稀为贵，女性便成为珍物宝贝，自然而然也就养成女性泼悍的个性，她们健谈、野性、豪迈，但又不失女性的娇媚，活泼有力，令男人既爱又恨。

　　当时女性通常早婚，十三四岁时便有人来提亲，结婚适龄期是十七八岁，男性则是二十五六岁。最受女性青睐的男性职业是相扑力士、捕吏与消防队队长。力士代表"力量"，捕吏是"正义"的象征，消防队队长则是"侠义"的代号。其实女性憧憬的很可能是他们身上的制服。力士的服装非常华丽，没事就在街上作秀，走起路来一摇三摆，相当于现代的服装秀男模特儿（当然身材完全两样）；捕吏虽是下级官吏，起码人家也是武士阶级，每天上班的服装当然都是正式礼服，而且头顶上的小尾巴是特殊结法，普通人不能仿效；消防署署长是世袭制度，不过队长完全是凭实力爬上来的，庶民也有机会当上队长，每逢火灾，队长便在额头上绑着特殊花样的消防头巾，身上穿着消防队制服，在现场吆喝，好不威风。

　　理想的女性形象，是吉原烟花市的妓女们，尤其是容貌、技艺均数一数二的花魁，更是可望而不可即的存在。江户后期，庶民间开始出现茶馆"看板娘"（招牌女店员），这些姑娘往往成为浮世绘的人物肖像,令她们声名大噪,有点类似现代的广告明星。

　　一般说来,当时的恋爱形式是自由恋爱,要是男方对女方心怀恋慕之情,通常是先送情书表达情意,再等女方回答。也因此,"情书指南"之类的书籍不怕会滞销。若是男女双方住居比较近,王八看绿豆——对上眼了,便可以利用祭典人潮,偷偷逛到女方身后,拧一下女方臀部,确认对方意愿。如果女方没有给你白眼,便可以带她到附近茶馆去谈情说爱。遗憾的是,约会场所太少了,富家子弟可以事先预约茶馆客房,两袖清风

▶ 江户时代的女性通常都早婚。

的则只能到寺庙后院或卖糯米团子的席棚内卿卿我我，以避人耳目。那个时代，男女不能光明正大走在一起，这在中国应该也是一样吧。不过，即便是茶馆客房，未成年男女也不能光顾，何况费用并不便宜，一次大约是现代三万日元，年轻男女哪付得起，结果茶馆客房就变成不伦男女的"失乐园"。

另一种方式是相亲，媒妁者是长屋房东。住在长屋的单身男女，在江户通常没什么亲属，结婚典礼便极为简略，只要准备一瓶酒，再来几盘小菜，由房东当证婚人，当夜就可以成为夫妻，反正报户口之类的本是房东的分内事。比较麻烦的是商家闺女。

江户后期，家境稍微富裕一点的商家闺女，过的是大门不出、二门不迈的生活，俗称"箱入娘"，表示从小便深居简出的千金小姐。这些黄花闺女，需要专职的媒人代为找婆家。当时的媒人不但要把握住哪家商号有豆蔻年华的姑娘或未婚公子，更必须调查好商家的营业实情，以便双方能门当户对。最重要的是女方娘家的资产行情，因为牵涉到嫁妆问题。上流阶级的商家联婚，女方要是没有充足的陪嫁资产，到了婆家，很可能会吃苦。如果婆家是富商大贾，陪嫁资产有时候会高达二三百两，相当于现代二三千万多日元！万一女方长得很抱歉，陪嫁金额更会飙高。天哪，比现代的名古屋人还过分。名古屋人的嫁妆名闻全国，不过，顶多也就是三辆大卡车而已，哪能跟江户商家比？

其实，当时的媳妇陪嫁资产，也可以算是一种另类融资。如果这笔资金可以帮助夫家扩张店面，等孩子落地，公婆便会让出所有主权，媳妇也可以一步登天，平平当当坐上老板娘宝

第三章 情 色 / 081

▷ 箱入娘是指豪门富商的千金大小姐。山东京传"箱入娘"《江户风俗图卷》。

座。另一作用是保障媳妇的婚姻。假若丈夫日后移情别恋想休妻，就必须全数归还老婆当初的陪嫁资产，包括媒人抽取的一成回佣，通常这时夫家已经挪用资金，根本没办法归还这笔钱，当然也就不能随便休妻了。不过，要是媳妇自己想离婚时，夫家可以不用还钱，彼此好聚好散。

基本上，江户时代是丈夫有权休妻，妻子无权要求离婚。然而妻子也有暗道可走。一是丈夫擅自典当妻子的嫁妆时，岳父可以出面要求离婚；另一是妻子干脆跑到"缘切寺"求救。神奈川县镰仓市东庆寺与群马县尾岛町满德寺，正是幕府法定的"离婚辅助所"。凡是在上述两家寺庙各住满规定日期的已婚女性，均可恢复自由身。东庆寺是两年又一天，满德寺则是三年。通常只要妻子一逃进"缘切寺"，丈夫便会死心写下离婚证明，有幕府法律在撑腰，哪个男人惹得起？其他如丈夫失踪一年或音信杳然的例子，都可以离婚。这样看来，江户时代的女性地位，其实也没现代人想象中那么卑微。

最可怜的是武士，身份虽高阶，但徒负虚名，没钱讨老婆，是一群"无法结婚症候群"候补。地方城市的武士，通常让母亲收养一个养女，再纳为妻子。若要正式迎娶，不但要公告且要宴客，场面太铺张，双方伤神又费钱，不如以养女名分过门，私下进行亲事。而某些居于江户，俸禄五百石以下的将军直属武士"旗本"，索性专门找商家女儿，图的正是陪嫁资产。媳妇过门后，公婆族党再联手搓揉媳妇，令媳妇忍无可忍自动提出离婚要求，之后再迎娶另一个身怀陪嫁资金的媳妇进来。专职媒人之所以存在，正是为了防止这类悲惨婚姻发生，毕竟媒人会于事前先做种种调查，再判断是否门当户对。

江户初期，民众之间阶级意识非常强烈，武士绝对不可能迎娶出身庶民的媳妇。不过，中期以后，身份与经济逆转，变成只要陪嫁资金够多，庶民姑娘也可以嫁进武士家庭，而武士为了经济问题，就算媳妇长得再丑，也会睁一眼闭一眼，横心娶进来。反正，武士本就不能自由恋爱，娶谁其实都无所谓。好笑的是，庶民却是不惜破财，也要寻求性格好、长得又漂亮的姑娘。如果对方是武士家庭出身，那更没话说了。

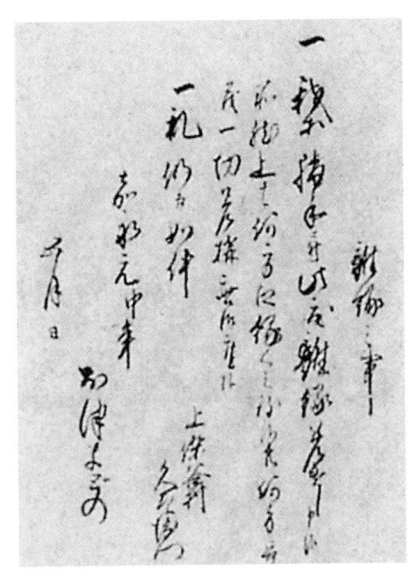

▷ 镰仓市东庆寺所藏江户时期的离婚证明，这种离缘状因为格式只有三行半，因此被称为"三下半"。

第二节　你爱我吗？
——初恋篇

你谈过恋爱吗？单恋？热恋？晚恋？不伦之恋？还是同性恋？

你觉得如何呢？飘飘欲仙？痛彻心脾？淡淡哀愁？还是不堪回首？

古今中外，无论哪一种恋爱，总是伴随着一把辛酸泪，就连当事者，恐怕也无法解其中味。如果你想恋爱，表示你想吃苦，若没有这种心理准备，劝你还是不要恋爱。结婚，是恋爱的美满结局吗？不，结婚只是另一种恋爱方程式的起点而已。而这方程式，饱含未知数，每一个未知数，都很可能令你厌弃人世，渴望遁世离群。

现代人如此，古代人也一样。

江户时代的恋爱，碍于身份、职种等条件，加上女主角多以烟花女为主，没有结局的悲恋特别多。奉公人不能爱上商家小姐，薪水阶级不能爱上风尘女郎，武士不能爱上庶民姑娘……然而，恋爱这玩意儿，本就无理可讲，丘比特更是刁钻古怪，哪容得你随心所欲？所谓"自由恋爱"，也不过是包了层糖衣的苦药而已。

有关当时的恋爱风俗，俳谐（诙谐俳句）师兼流行小说家井原西鹤（1642—1693），留有《好色一代男》《好色一代女》《诸艳大鉴》《好色五人女》等名作。此处的"好色"，意味走在

▶ 井原西鹤。

时代先端、谈吐幽默、善解人意、知书达理、多才多艺、风情万种的人，男女均可适用，是一种赞美词，而非专指色情狂。想当"好色男""好色女"，下半身不但要有力，上半身更要高人一等。

《好色五人女》中有一篇实录故事《八百屋阿七物语》。"八百屋"是蔬菜商店，阿七是商店女儿。某年腊月，阿七家附近发生火灾，阿七随母亲到寺院避难。灾民不只阿七母女，还有其他居民。某天，有位年轻男子拿着镊子想拔除食指上的小刺，却笨手笨脚老是拔不出来，阿七母亲看不过去，想帮忙，无奈老眼昏花，也帮不上忙，于是唤阿七过来帮男子拔刺。这一拔，竟令阿七对男子一见钟情。男子名为吉三郎，是出身名门武士阶级的公子。两人都是 16 岁，当时年龄算虚岁，因此相当于现代初中三年级。

虽然彼此生活在同一屋檐下，但吉三郎寄宿在小和尚房间，阿七只能遣人送情书过去，吉三郎也托人捎情书过来。如此鱼雁传书了三周，阿七终于按捺不住相思情愫，于某夜潜出客室，摸黑探寻到小和尚房间，共寝鸳鸯被，相约此生将从一而终。黎明时，阿七母亲便找来了，当天便带阿七回家，并严加管束。不过，因下女相助，阿七和吉三郎之间仍可以交换信函，互诉衷情。吉三郎甚至变装为农家弟子，背着篮子，到阿七家兜售农作物，并哀求借宿一夜，于夜半与阿七两情缱绻。

某日傍晚，强风来袭，阿七想起往日逃到寺院避难的情景，竟心生妄想："要是再发生火灾，也许可以和吉三郎相会。"可怜的女孩，只为了见心爱的人一面，完全没顾虑到后果，真的

▶《好色一代男》，其中描写有关吉野太夫与世之介的爱情故事。

付诸行动。才冒出一缕烟，便引起骚动。江户时代最怕火灾，一场小火若没实时灭掉，很可能延烧掉整座城镇。于是，阿七以纵火罪名先游行示众，最后死于火刑，化为烟雾。此时，吉三郎因相思病正徘徊于生死之境。阿七百日那天，吉三郎才起床，在寺院内发现阿七墓碑时，痛不欲生，当下欲拔刀自刎，经众人阻止，才捡回一条命。

到此为止，这只是一段苦恋，阿七为了想见心爱之人而纵火的心机，相信现代人应该可以感同身受。与现代人不同的是，吉三郎已经有了所属对象，而这位"正室"是男人。换句话说，吉三郎本是"众道"（男性同性恋）世界中的"若众"，想当然应该是个美少年。这在战国时代乃至江户时代、明治时代初期，都是极为寻常的事，尤其在武士阶级与僧侣社会中。由于吉三郎的"盟兄"因故离开江户，遂将吉三郎暂时安顿在寺院。没想到吉三郎竟"移情别恋"爱上阿七……这又怎一个情字了得？

吉三郎不但无颜面对盟兄，对阿七更负疚难安，最后剃发出家。据说，那位盟兄百般劝解，依然无法令吉三郎改变出家决心，失意之余回到故乡，也进入沙门。这场男色（同性恋）女色（异性恋）交错的恋爱，是无常？是虚幻？还是黄粱一梦？

《东海道四谷怪谈》作者鹤屋南北，有一出《樱姬东文章》歌舞伎剧。剧中描述武家出身的樱姬，少女时代曾经遭受盗贼权助蹂躏。不料从未与男人有过肌肤之亲的樱姬，竟然爱上初夜男人，终日魂牵梦萦，干脆在手腕上也镂刺了与权助相同的刺青，并于日后生下权助的孩子。皇天不负有情人，某天，樱姬终于与权助重逢。这出歌舞伎剧的重头戏，正是樱姬从娇贵千金化身为黑道大姊风铃姬的过程。出身高贵的内涵举止与随

「江户日本」

▶ 喜多川歌麿的《相合伞》(约宽政十至十二年),以互相爱恋的男女为主角。

夫闯荡江湖的泼妇口吻，在舞台上编织出令观众迷离颠倒的世界。

以上两个例子足以看出，无论现代或古代，为了爱情，女子总是比男子更有胆量豁出一切，也能应变无妨。陷于三角恋爱或不伦泥沼的男女，碰到临界点时，也通常是男子比较会拖泥带水，牵丝攀藤。是男子生性脆弱？还是女子的生理构造令她们坚忍不拔？

你爱我吗？如果爱，愿意为我抛弃一切随我浪迹天涯吗？

第三节 你爱我吗？
——夜这篇

你吃过没齿难忘的美食吗？难忘什么呢？味道？还是地点、人物、食器、伴奏、名酒、谈话内容等综合气氛？

你尝过镂心刻骨的性爱吗？刻骨什么呢？高潮？还是场地、对象、技巧、音乐、照明、呢喃细语等演出布景？

如果只想充饥，其实吃什么都一样，也就没有所谓的"饮食文化"；若是只要色欲，街上阿猫阿狗都无妨，"性爱文化"便无法滋生。食欲与性欲，是动物原始本能，然而动物只求眼前的满足，人类却能将之升华为文化艺术。

众所皆知，日本色情产业花招百出，令人目不暇接更身不由己。难道是日本人特别好色？应该不是，告子曰："食、色，性也。"可见不论肤色、种族，都摆脱不了性欲缠身。美国的色情产业不也是多彩多姿吗？

那为什么在亚洲国家中，日本人会荣冠"好色之徒"罪名呢？我认为，这是明治新政府抑遏日本传统性风俗的结果。日本传统性风俗本来极为符合人性，也与多神教、母系氏族社会的日本风土对路，但明治新政府为了确立"文明开化"新社会道德，积极引进西方一神教教条的性爱观与恋爱观，崇奉处女膜，推崇恋爱与婚姻必须一致，强制国民坚守一夫一妻制，弹压扎根于全国各地的性风俗，并制定父权至上的长子继承权……。于是，本来光明磊落的性爱，变成偷鸡摸狗的行为；

本来公平合理的民风，沦为伤风败俗的代表。国家抑制国民人性，约束国民性欲，其后果便是今日漫无止境的色情产业。

何谓日本传统性风俗？要而言之，便是"夜袭"。男子于夜晚到女子寝室偷香窃玉，黎明前离去的风俗，日语称为"夜这"（"这"是"爬"的意思，直译为"夜爬"）。千年前的《源氏物语》就有记载，可见此习俗在日本根深蒂固。明治新政府于百年前虽卖力变风易俗，但此风俗却一直留传到20世纪50年代左右才禁绝。

"夜这"民俗大致分为两大系统，一是只要是女人，无论年轻女孩或寡妇甚至有夫之妇，通通是"夜这"对象，另一是只限年轻女孩与寡妇、女佣、保姆。前者虽开放所有女人，但有个不成文的法则，便是丈夫或同居男子不在家时，才可以偷袭已婚妇女，山区村落与沿海渔村正是以此为主。关东平原大多以后者为主。有些村落禁止邻村男子闯关，有些村落则比较宽容。

▶ 男子到女子房内夜袭的风俗，在《源氏物语》中就有记载。

假设中等规模村落有一百户人家,一户有五人,村民总计五百人。二分为男女,再除去老幼、已婚、外地打工者,实际可以进行"夜这"的青年男女,大致各有十二三人。这些青年男女都要加入"青年组"或"女儿组",换句话说,每个村落均依年龄阶层而各有其自治组织,"夜这"也在组织管理之下,不能随便乱闯。有些村落是由男子抽签决定对象,女子只能静待男子来"夜这",这是为了公平起见,免得有些东施无人光顾,西施却应接不暇。抽签方式通常会引起纠纷,女方抵死也不肯接受男方时,"青年组"与"女儿组"之间便会进行协调,再度换人。因而男子平日在村落的评价非常重要,就算天生是个帅哥,如果好吃懒做、喜欢招惹是非的话,很可能一辈子都偷不到香。

▶ 女子虽只能静待男子来夜袭,但也有选择不接受的权利。

往昔没有电灯的时代，夜晚八九点便上床。"夜这"时间是11点左右，如果想远征，便要早点出门。偷香范围通常是直径四五公里内，平原地区比较容易行事，山区或沿海便必须跋山涉水、翻山越岭。尤其是山区，住户零零落落分散在斜坡或山谷，偷香范围就得扩展到二十公里左右，男子若体力不佳，只能闪在一旁干瞪眼。司马辽太郎在《历史夜话》中提到，纪伊半岛熊野地区的山区人家，夜晚都门户大开，厨房炉灶上一定留有残羹冷饭，并搁一副碗筷，以便黎明时分远征回来的男子，可以任意出入各个人家充饥果腹。其他地区通常是自备消夜。光是想象就觉得很累，更深夜静的山区，没有亮光应该寸步难行才对，好不容易抵达目的地，万一有人捷足先登，不是得像发情期的夜猫子一样，再度徘徊山区？又不能像野猫那般旁若无人地叫春……

以上是遍布全国各村落的通例，无论是东北地方、关东平原或九州岛地方，甚至众多离岛，"夜这"方式都大同小异。那么，类似江户、大阪那种大都市呢？由于大都市通常设有公认的妓院区，私娼也不少，男子自有解决性欲的渠道，不过，这并不表示大都市没有"夜这"风俗。毕竟妓院与私娼是商业交易，一分钱钞一分货。

大都市商家很多，大规模的如"越后屋"（三井财阀前身）、"大丸"（大丸百货集团），光是后堂女佣便有四五十名，其他小掌柜、跑堂的奉公人更是不计其数。这些店员也有身份阶级，身份较高的可以独占一房，新人与见习生通常七横八竖挤在大房间，因此很容易发生同性恋。不过，男子一到十五六岁，除非天生体质非同性不可，否则大抵已耳濡目染懂得如何偷香了。

又，商家每逢春末、冬末，会来次大扫除。扫除日，下午四五点左右结束清扫工作后，大伙儿匆匆入浴，接下来便是酒宴。主人以及身份较高的掌柜与女佣大娘，会见机识趣中途退席，让底下人去醉舞狂歌。美酒佳肴入肚后，色欲蠢动是人之常情。于是，平日因身份阶级徒然怅望的对象，便近在咫尺，触手可及。胆量大一点的，还会潜到小姐深闺。江户商家主人最怕的正是这种养虎自啮的例子。

江户中期以后，全国各村落也假借祭典之名，兴起乱交野宴。祭典之日，无论已婚未婚，本地外地甚或过客旅人，通通可以度过"做爱有理""不伦有理""放荡有理""风骚有理"的一天。或许也有引进"外来种"的目的，但主要宗旨应该是"解放"。江户时代阶级制度牢不可破，一旦出生在农家，便世世代代永远是农民身份，没有翻身机会。又因禁止土地买卖，更不能迁徙搬家，只能一辈子窝在小小村落或穷乡僻壤。因此，"夜这"习俗其实极为合情合理。不过，武士世界则又完全两样。

做爱的后果是怀孕。女子未婚前便搞七捻三，怀孕时有男子肯接纳吗？当然有，只要女子指名，彼男子就是孩子的父亲。当时没有血液检查，大和民族也不计较血统问题，孩子等于是村落的共同财产，谁当父亲都无所谓。而女子也因婚前同时与复数男子有过亲密关系，可以从中比较，挑出自认最适合自己的夫婿。反正婚后还是有机会偷香，在当时来讲，婚姻不是鸟笼，没有必要拒绝。

属于大都市的江户也一样，婚前有所谓的"足入婚"，女子在婚前先住进夫家一段日子，合得来，再宴客公布，合不来，拍拍屁股打包回家，相当于现代的试婚。也因此，不要说是重婚了，实质的三婚、五婚可以说都是家常便饭。

已婚男人的外遇，现代日语是"浮气"，红杏出墙才用"不伦"这个词。有趣的是，江户时代的"浮气"意思是恋爱，"浮气结婚"正是恋爱结婚，而人们对"浮气结婚"的看法，不像现代人那么引以为傲。浮气，顾名思义是"浮动的气氛"，只因一时浮动的气氛便结婚，当然不值得赞赏。我觉得很有道理。恋爱的确仅是一时浮动的气氛，又如何要求对方天长地久、海枯石烂？除非与死亡仅有一纸之隔。

你爱我吗？如果爱，愿意忍饥挨饿、翻山越岭来"夜这"吗？

▷ 喜多川歌麿《道行恋浓妇登佐男》。

第四节 你爱我吗？
——众道篇

你喜欢菊花吗？什么样的菊花？波斯菊？非洲菊？大理菊？还是《雨月物语》中的《菊花之约》？

你爱过同性吗？爱到什么程度？欲其生？欲其死？凿石穿？还是愿在衣而为领，愿在裳而为带？

男女之间如果可以爱到"春蚕到死丝方尽"，同性之间又何尝不可期"蜡炬成灰泪始干"？

"同性恋"一词，是1896年由一位匈牙利医生所提出的专有名词；而异性间的"爱"与"恋爱"，则由明治时代作家北村透谷、坪内逍遥二人于1892年译自英文的"love"。在此之前，无论同性、异性、肉欲之欢、柏拉图恋爱，日本均统括为"色"。美女为"色女"，俊男为"色男"，异性间恋爱为"女色"，男性同性间便是"男色"。且"男色"地位与"女色"平起平坐，既非禁忌，也非败德，在江户

▶ 在江户时代男同性恋是一种崇高的雅癖。

时代武士社会中甚或比"女色"崇高，于庶民社会中则是一种雅癖。

古往今来，凡是坚守独身主义教条的传教人员，无论东方和尚或西方神父，总是免不了会与同性恋沾上边，不过此处我们暂且不去管宗教社会，先来分析一下日本武士社会与同性恋的历史变迁。

日本武士社会的同性恋，正确说来应该是娈童癖。12世纪末镰仓幕府树立武士中央集权制后，娈童癖还只算是某些达官显贵的风尚而已，是上流社会的专属领域。到了16世纪中旬的战国时代，由于经年烽烟四起、战鼓不息，为了加强男性集团内部团结一心，构筑牢不可破的礼义关系，娈童癖便蔚然成风。当然或许也掺杂了性欲问题，毕竟不能带妇女参战，但主要还在于主仆间的信赖关系吧。

试想，当敌人冲进主将军营时，主将身边护卫家童若缺乏赴死如归的觉悟，怎么护庇主将？此外，若非平日主将与家童早就有"断袖"之情，又如何令家童于彼时甘死如饴？因而战国时代武将身边的娈童，与山门或贵族公卿的娈童迥然不同，不但外貌要符合"美少年"条件，更必须身怀杰出武艺。另外，娈童也是战国时代的忍术之一。

织田信长和丰臣秀吉继而统一天下后，"男色"世界自然而然便与武士道并合，成为"众道"，逐渐自成一家，且无形中增添了种种束身自修的条规。武士道的代表作是《叶隐》(山本常朝著，1716年)，内容主要是探讨武士精神，但也陈述了不少武士恋爱的规则，例如，"恋爱的极致是暗恋。彼此见面后，恋爱的价值便会开始低落。终生秘而不宣，才是恋爱的本质"。这儿所谓的恋爱"本质",指的正是众道精神。

　　武士道强调"忠",众道宗旨也在"忠",不同的是,前者的效忠对象是主君,后者的尽忠对象是"盟兄盟弟",万一碰到武士道与众道不能两全时,岂不是叫天天不应、叫地地不灵？因此,《叶隐》才会谆谆告诫：不要跟发情的野猫一样,碰到稍微顺眼的就急着想趴到对方背上去,至少要观察五年,才能向对方吐露爱慕之意。一旦两情相悦,便必须如烈女一样誓死不更二"兄"。

　　天下和平的江户时代,武士社会的规律更加严苛,以江户城为首,诸大名宅邸和身份高阶的家臣住居,"里""外"泾渭分明。"里"是女性社会,身份再高的武将或家臣也不能贸然闯进去,凡事都由夫人和女官做主。"外"则是男性社会,将军、大名的身边琐事都由14岁到18岁左右的家童包办。历史上最有名的众道将军是三代家光和五代纲吉,家光直到22岁为止,始终对女人不屑一顾；而纲吉身边的家童据说多达一百三十人。

　　时代越和平,社会越安定,庶民的经济力量也会随之提升,于是武士社会中的娈童癖便流传到庶民社会。到了这个地步,娈童癖已经不是性欲或天生体质云云等问题了,而是一种"风雅"潮流。井原西鹤甚至说："没有盟兄的若众（少年）,等同于没人来提亲的姑娘。"换句话说,还未剃前发的青少年,若没男人肯青睐,等于是一种耻辱。看样子,江户时代的男人若没能力"男女通吃",似乎得不到"好色男"这个称号。而且,据说男人想"横刀夺爱"时,通常会演变为情杀事件,反倒是去偷人家老婆比较不会有事。

　　有个故事非常有趣,是大名与大名之间的求爱过程。双方身份既是大名,求爱过程当然也就不同于等闲之辈了。

话说十三岁就继承出云国(岛根县)松江城城主地位的堀尾忠晴(1599—1633,祖父是跟随织田信长、丰臣秀吉立下战功的堀尾吉晴,俸禄十二万石),十六七岁时,长得风姿俊秀,博得"天下无双美少年"赞誉。当时二十三四岁的加贺金泽百万石城主前田利常(1593—1658,前田利家四男,青史流芳的名主),对忠晴醉心不已,于是托某位幕府旗本当媒介,转达情意。大概是回复还算不坏,那位旗本马上设宴充任月下老人,想为他们牵这一条红线。

当天,总计五人出席晚宴,月下老人旗本和其他两位陪臣,途中便退席了,打算让当事者尽情去谈情说爱一番。

一位是遐迩闻名的美少年(但身份是一国一城之

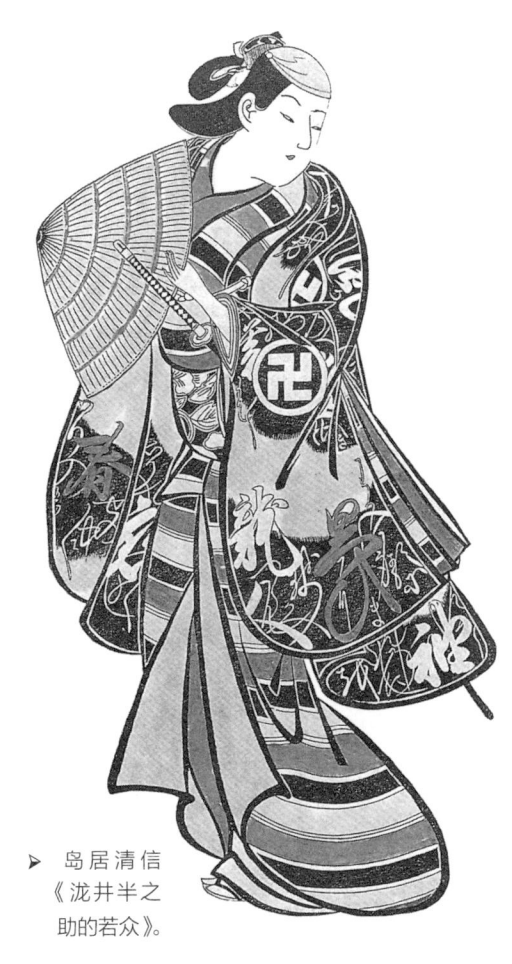

▷ 岛居清信《泷井半之助的若众》。

▶ 前田利常虽有众道之癖，但也娶了二代将军秀忠的女儿为正室。

主），一位是势力仅次于将军家的加贺国之主，彼此年龄也相差无几，想必可以鱼水和谐、琴瑟相调。没想到……两人相对无言，有的只是沉默、沉默、沉默。

年长且是求爱者的利常，焦急万分。暗忖，好歹也得说一句上道的甜言蜜语。凑巧当晚月明风清，于是利常按捺住扑扑心跳，打破沉默：

"今晚月亮很美。"

此时，如果是等闲之辈的美少女，大概会回个娇媚微笑，睁着大眼睛，点头回说"嗯"。

但咱们的美少年不愧是一国一城之主，当下就回说："看来尊兄特别喜欢月亮，那就让尊兄自个儿畅意观赏明月吧。在下先告辞了，免得干扰尊兄吟风弄月的闲情逸致。"

说完，尽管月下老人旗本与陪臣拼命好言相劝，忠晴还是扬长而去。

利常的那句"今晚月亮很美"或许有点笨拙，但对方可是权势仅次于幕府的大国之主，怎可以就这样甩头就走？这不是太不给人家面子了？即便是倾国倾城美女，恐怕也不敢如此大胆妄为。不过，这是咱们现代平庸之辈的看法。作为当事者的利常虽然丢了面子，却更加为忠晴茶饭不思、坐卧难安。

日后，美少年忠晴表示欲择日拜访利常，以表谢意。利常听到这个消息，雀跃三尺，马上命人兴筑迎宾室，三个月前就翘首引领，天天盼望重逢之日的到来。

这一天终于到了。利常一早就准备妥当，只等贵宾光临。不料上午 10 点左右，使者捎来忠晴急病的信息，告知主君将无法践约。利常气急败坏，整天裹在被窝里长吁短叹。家童送晚饭来时，也大声斥喝："吃不下！"使众家童与家臣大气都不敢吭一声。

下午 6 点左右，忠晴的使者又来了。这回使者表示必须在利常面前传达主君交代的口信。家臣看那使者一副寒碜相，又没骑马，想必是身份低贱的武士。但又不能拒绝，只好先向利常禀报使者来意。利常一听，连忙翻身爬起来，往玄关大跨步走去。家臣纷纷拦阻，一国之主怎么可以亲自到玄关接见使者？利常只回说："管不了那么多了！"干脆三步并作两步急奔起来。

来到玄关的利常大声呼唤："使者在哪儿？"结果使者身后出现一位美少年，回道："在这儿。"原来一切都是忠晴想

试探利常心意的把戏。当晚,利常和忠晴到底度过了怎么样的良宵,吾等凡夫俗子应该也不难想象吧。(以上典故出自1614年刊行的《宁固斋谈丛》)

那个时代的武士社会极为排斥女性,通常视女性为"生殖道具"或"保身牌子"。这也难怪,武士社会的婚姻本来就不允许混入丝毫个人感情,而娶进门的老婆会于哪天摇身一变成为灭门祸首,也无法预知。因此,身份越高阶的武士,越是不信任女人。最显著的例子是德川家康的长男信康,只因为老婆是织田信长的女儿德姬,又因为婆媳不和等问题,最后只能饮泪接受织田信长的切腹命令。而织田信长命令信康切腹的凭据,正是德姬所写的一封抱怨家书。水户黄门和德川家康于临死前都严禁所有女性接近病床,原因也在此。既然女人不可信,当然只能对勇敢争死的"盟兄盟弟"丹诚相许。事实上,利常过世后,纵使生前下令不准任何家臣家童殉死,却依然有五位家臣家童义不容辞地切腹了。五年后,幕府才全面禁止殉死惯例。

话说回来,江户后期的武士社会经济逐渐走下坡,娈童癖风尚也跟着失去气焰。这个时代,除了名门望族武士可以继续维持娈童癖外,其他均因经济拮据,男子一满15岁便迫不及待给他剃掉前

▶ 上田秋成所著读本《雨月物语》,文荣堂发行,日本国立国会图书馆藏。

发，束起后尾巴，让他成家立业，因而娈童候补人数也就每况愈下了。幕府末期至明治时代初期，美少年风气才再度盛行起来。明治时代文豪都有留下相关作品与日记。为什么呢？原因很单纯。幕府末期那些讨幕志士以及明治新政府的大官，很多都是九州岛人。而九州岛地方，尤其是熊本、鹿儿岛那一带，正是日本众道的发祥地。

大岛渚导演有一部电影，名为《御法度》，内容描述新选组组织内的众道问题，是合并司马辽太郎所著《新选组血风录》中两篇短篇小说而成的。大岛渚在电影中让冲田总司陈说《雨月物语》（上田秋成著，1776年刊行）的《菊花之约》道理，这段剧情显然是大岛渚的创意，原著中没有。《菊花之约》是描述两个莫逆之契的男人，相约在重阳日共度佳节。但赴约者却因政治纠纷成为囹圄中人。为了履约，赴约者只好自尽，以便让能够日行千里的幽魂赶去赴约。《菊花之约》原文中当然没有任何与同性恋有关的描述，但后人却将之视为众道经典，难怪大岛渚会在电影中加入这段剧情。

你爱我吗？如果爱，愿意为我口衔菊花切腹殉死吗？

第五节　你爱我吗？
——心中篇

你说过，除非天人永隔，否则你对我的爱将无绝期。

又说过，命运既然要你遇见我，你就要终身守护在我身边给命运看。

然而，我俩还未步上幽冥异路，为何却必须各自东西？若果一日夫妻百日恩，为何夫妻又会是同林鸟？

抵死也唤不回来的是负心人的心，那么，共入比翼冢便能保证爱情永驻吗？

江户时代的日本，是"殉情之国"，也是"心中道行"国度。"心中"，正是殉情；"道行"，是男女私奔旅途。既然今世无法百年偕老，不如携手共赴黄泉地道。为什么渡边淳一的《失乐园》结局非殉情不可？正是由于殉情是日本的传统恋爱范本，如果不让男女主角自尽，渡边淳一很可能会受读者围剿。

"心中"本来的意思不是殉情或自杀，而是"剖心"给对方看，以证明自己情深似海、至死不渝，相当于现代的爱情信物。最简便的方法是写下誓词。江户时代市面上卖的誓书，上面有熊野神社的牛玉宝印，并有乌鸦图画。发誓者先用毛笔写下誓词，再用针戳破手指，以鲜血涂抹乌鸦眼睛，最后交给对方保管。乌鸦是神社使者，据说如果不守誓词，熊野神社的乌鸦便会吐血愤死，且一次死三只，然后负心人会遭受天谴。为了怕天谴，起初，誓书的效用非常大，后来很可能由于熊野神社的

▶ 铃木春信《风流坐铺八景·手拭挂归帆》。

乌鸦不肯乖乖"殉死",逐渐有人开始作弊,在誓词中舞文弄墨,或巧妙地避开乌鸦眼睛。更高竿的手法是在墨水中耍把戏,让文字于日后自动消失。

其次是断发。现代人经常到美容院剪头发,断发已见怪不怪,但若要你送头发给别人,是不是仍会考虑再三?即便你肯,对方恐怕也会敬谢不敏吧。何况头发可以用在咒术上。再来是刺青。刺青必须刺在手腕上,这种誓词比断发更郑重,很难褪去。接下来是剥指甲,一旦剥掉,大概没办法再度长出来。剥掉指甲仍不能得到对方信任的话,好,那就剁手指。这下你总可以相信我的确爱你了吧?以现代医术来说,只要时间抢得及,因事故而断掉的手指可以再接起来，但当时可没这种技术。

上述方法都只是"证明手段"而已，其实当负心人真想移情别恋时，还是有办法临阵脱逃的。等到弹尽援绝，最后关头才是"心中"。而"心中"的起源本是"众道"中武士殉死的行为，后来流传到吉原烟花世界，之后又因歌舞伎狂言与净琉璃剧作家近松门左卫门（1653—1724），写下不少《曾根崎心中》《心中天网岛》《心中宵庚申》等青史流芳的名作，"心中"风俗才广传于庶民异性恋之间。而且此风俗在大阪比江户更旺盛。

武士间的殉情是"众道"规矩之一，切腹的理由也极为单纯，大多是主君过世，陪臣或娈童跟随自杀而已。但异性恋间的"心中"，通常是世间不容当事者比翼连枝，或经济问题，或婆媳纠纷，诸般理由纠缠在一起，令当事者走投无路，山穷水尽，最后才会选择"来世再续"的终极手段。

由于"心中"事件太多，令幕府伤透了脑筋，却始终无法制止。幕府中兴之祖八代将军更是仇视"心中"，于1723年制定刑罚，不但全面禁止"心中"出版品，更不准埋葬殉情当事者的尸体。检视人员完事后，必须剥掉尸体上的衣服，任尸体自行腐烂。若是殉情者有一方幸存，一律处死，尸体一样不准埋葬。要是双方都救活了，必须在街头跪坐三天丢人现眼后，再下放到身份阶级最低的贱民部落中。

▶ 近松门左卫门本名杉森信盛，51岁创作《曾根崎心中》后，便专心于净琉璃剧本的创作。

话虽如此，一丝不挂的尸体反倒成为免费的观光卖点，每当有人捞起跳河自杀殉情者，检视人员还未到场，现场便已经人山人海，众口纷纭地指指点点了。又由于殉情当事者知道自己于死后必定会成为众目睽睽的主角，于是便特别注重身上的服装打扮。殉情男女跳河时，通常会用腰带系缚住彼此身体，以达死后也能形影不离的目的。

一八〇四年五月，一对男女尸体浮荡在江户两国川河面，双方穿着花色一样的桔梗花样浴衣（夏季和服），男子是绯绉绸丁字裤、棋盘花样真田带（正是战国名将真田昌幸发明出的编织法），女子是白绉绸内裙、黑色缎子腰带，头上还装饰着银玳瑁插簪和笄，两人腰部用一条绯绉绸缠在一起，额头上又各绑着白手巾。这一对无论容貌或服装均属上等的殉情尸体，竟令摆渡的船夫赚翻天。风声一传开来，大家争先恐后雇船去看热闹。本来一人八文的搭乘费，最后飙到五十文。幕府花费四十五天，才张罗到母船去捞尸体。可见当时的殉情情侣于事前都下过一番功夫准备"寿衣"。

令江户庶民百思不解的殉情事件是"外记绫衣心中事件"。

话说一七八五年八月十四日，将军直属旗本藤枝外记与吉原妓女绫衣，携手死在江户近郊千束村（现台东区千束）某农家仓库内。男方身份是旗本，且是个俸禄四千五百石的大旗本（俸禄五百石以上的旗本可以拜谒将军），而女方是吉原妓女，难怪会令整个江户沸沸扬扬。

藤枝外记 28 岁，在江户城内的待遇与大名相等。绫衣 19 岁。按理说，以外记的身份地位与经济势力，应该可以轻而易举将绫衣自吉原赎出来，金屋藏娇纳为宠妾才对。只是幕府严

▷ 福井市龙泉寺所藏的画像，描绘家康次男结城秀康与殉死者。为君主殉死事件在幕府初期层出不穷，为遏止此类事件，幕府便严令禁止。

禁武士阶级涉足吉原，而外记又是招赘女婿，事发当时，家里不但有与绫衣同年的妻子，膝下也有三男一女。

外记迷上绫衣后，不但时常缺勤，且到处借钱，甚至典当家中值钱的家当。幕府得知消息后，下令调动外记到山梨县甲府城当警卫。甲府是幕府直辖地，专门让一些犯了轻罪的武士去悔过自新。如果外记听从幕府命令，或许过几年便又可以回到江户。没想到外记舍不得离开绫衣，又没钱替绫衣赎身，加上另有富商也看上了绫衣，正在进行替绫衣赎身的手续，于是两人决定殉情。逃到农家仓库后，两人铺上草席，再一次约定来世要做神仙眷属。最后外记先刺死绫衣，随后自刎身亡。

幕府气得七孔生烟，但藤枝家先祖是将军家侍妾，曾经为将军家生过子嗣，算是将军家外戚，因此幕府内也为了惩戒处分问题吵得人仰马翻。终究因深恐上梁不正下梁歪，幕府将藤枝家改易为平民，没收俸禄，妻子与养母均被处以终生禁闭刑。

纸包不住火，这件丑闻闹得江户满城风雨，还谱了一首三弦小曲流传至今：

　　　　是要与君过春宵
　　　　还是要五千俸禄
　　　　五千俸禄算什么
　　　　与君一夜值千金

外记和绫衣的选择，值得褒赞吗？还是只是一对愚男蠢妇？

你爱我吗？如果爱，愿意舍弃身份地位陪我行走心中道行吗？

第六节　色道始祖
——吉原

19世纪初，坐落于现今东京后乐园那一带的"御三家"水户宅邸后面，有一座寺院。由于该寺院住持犯了女戒，且风声遍及整个大江户，有关当局便捉拿了和尚准备审讯。这其实没什么稀罕，类似的案件在江户时代后期多得很，本来不值得记载于史料上，只是这宗案件有点特殊，重头戏不在和尚身上，而是将军与游女。

话说当时的十一代将军家齐，获悉这宗案件，兴致勃发，说要亲睹审讯现场。于是相关人员全部聚集在江户城内进行审判，将军则躲在隔壁房间聆听审判过程。花和尚不但供认犯了众多女戒，并自白时常出入吉原，与吉原某太夫是老相好。既然能得到吉原太夫青睐，表示这花和尚腰缠万贯。将军听到吉原太夫也与此有关，眼睛一亮（大概吧），便于事后下令召唤那吉原太夫前来问案。理由是："朕只耳闻过倾城（游女别称）之事，却从未亲眼看过。这也应该召唤来问个仔细。"

可怜的将军，身为一国之主，却从来没看过江户庶民憧憬万分的偶像，因而借机如愿。

第二天，太夫接受问案，办案人员问及为何会跨入吉原世界时，太夫据实回道："奴家家道贫寒，双亲病榻缠绵，为了养家活口，只能卖身沉沦苦海。"

这是当时每个吉原游女的卖身主因，办案人员也早已见怪不怪。没想到将军听后，同情心油然而生，金口玉言说道："此女孝行可嘉。没有买客大概无以维生。卖身是此女的工作，游女是此女的职业，何罪之有？殷勤送此女回去吧。"

不愧是将军。同情归同情，但绝不滥情，只是肯定游女的职业，并夸奖对方卖身的目的。要是一时冲动援溺，恐怕会引发社会乱成一团。

何谓"游女"？何谓"太夫"？简单说来，游女是妓女，太夫是花魁。为何区区一名妓女会令将军想百闻不如一见呢？咱们先来看看井原西鹤在《世间胸算用》中如何批评一般良家妇女："良家妇女不太机灵，做事欠利索，有点小家气，写起信来不一样，不会喝酒，不善歌唱，衣装不整，举止犹豫，走起路来脚步蹒跚，枕上床头话不离油盐酱醋，图省俭，擤鼻涕一回只用一张手纸，伽罗香只知道是药，诸事叫人厌烦。"（以上摘自《好色一代女》中《世间胸算用》一文，刘丕坤译，中国台湾地区新雨出版社）

转述成现代用语，便是："老婆哪儿比得过门里人？不懂得体察男人心理，讲话唠三叨四，吃穿都搬斤播两，写起文章来惨不忍睹，喝酒时不是推说不会喝不然就是喝过头，唱起歌来五音不全，一年三百六十五天老是那件白色恤衫加萝卜腿长裤，动作呆滞死板，走起路来啪嗒啪嗒作响，睡觉时只会在耳边喋喋不休房子的贷款和孩子的学费，擤鼻涕时用手擤得撼天震地，把香水看成是毒药。唉，早知道会变成今天这副德行，当初真不该娶进来当什么良家妇女。"

再来看看井原西鹤在《好色一代男》中如何描述太夫："客

▶ 岛文斋荣之《青楼美人六花仙·扇屋花扇》，约宽政七年。

人来了后，先弹琴，又吹笙，继而咏和歌，泡茶，插花，调整时钟，与客人弈棋，帮女孩家梳头，谈古论今，使举座为之动容。"

故事内容是男主角想迎娶太夫却遭到众亲属反对，太夫于是招待所有亲属夫人，想同大家来个最后晚餐。结果，这些贵夫人竟迷上太夫，全体赞成了这门婚事。可见，太夫不但要具有令男人眼迷心荡的条件，也必须兼备令女人心服口服的魅力。另一项不可欠缺的条件是：床上功夫要好。

日本自江户时代以来，诸般万事，皆坚持"虽小道，必有可观者焉"，于是乎就有"禅道"、"茶道"、"花道"、"香道"、"极道"（黑道）、"众道"等门道。即便是烟花门户，门里人也自有其"道"，正是所谓的"色道"。

德川家康于1603年在江户开设幕府后，始终专注于建设江户这个新都市，令本来是穷乡僻壤的江户逐渐发展为经济城市、消费城市。不但尽可能地接纳外地移民，1635年，三代将军更制定了"参勤交代"法度，要求全国各大名均必须率领众多藩士到江户单身赴任，再加上形形色色的工商阶级人员，以及千门万户的神社佛阁，江户于是成为男多女少的都市。商人当然不会忽略此人口构造的特点，因而京都方面的妓院也跟着前来打天下。

起初只是零星几家，家康过世后第二年的1617年，幕府才批准建设花柳镇，也正是幕府公认的"吉原游廓"。幕府批拨的土地是现今东京都中央区日本桥人形町二三丁目那一带，在当时算是偏僻地区。然而，1657年发生死亡人数高达十万的大火灾（明历大火，又称振袖大火），幕府不得不重新建设都市，于是吉原游廓便迁移到浅草寺后面的农田地区。这回土地比原先的多出五成,总坪数是二万七百六十七坪,反而有余裕建设出更华丽的新世界。

吉原游廓历经江户、明治、大正、昭和四个时代,直至 1958 年政府制定卖春禁令,才自历史上消失。虽然吉原游廓已灭迹,但它却不折不扣是日本的奢侈文化母体,更是"色道"始祖。

对男人来说,吉原游廓相当于与世隔绝的桃花源,也是可以购买梦想的乌托邦。在当时,甚至是培育文化的底座,也是庶民的社交沙龙,要说吉原太夫是卖春妇,就未免太轻看人家了,真正"一手交钱,一手交货"的卖春妇,是娼寮与站壁私娼,吉原游廓说穿了其实是"高级自由恋爱交易场所"。现代人谈恋爱也是要经过几道手续才能入洞房吧。

▶ 菱川师宣《吉原之体·高岛门前》。高岛是妓院的店名。

在这个两万多坪的游廓内，人人平等，没有所谓大名、武士、庶民等身份阶级意识，武士不能佩刀入场，轿子也一律禁止，因而有些大名会在游廓内遭受庶民殴打。例如仙台伊达藩第三代藩主伊达纲宗，不知为何曾经在吉原遭人追打，逃进豆腐店，慌乱中遗落了沉香木屐，日后人们才从木屐线索得知主人是仙台藩主。伊达纲宗于 19 岁当上藩主，21 岁便让位，主要原因是迷上吉原某太夫，幕府命他隐居退位。

如此这般，权力在吉原游廓一点都不通用，游女重视的条件有三：气魄、粹、金钱。没钱当然无法游吉原，但有钱也不见得能使吉原鬼推磨，因而金钱排在最后，这也是吉原游廓的魅力之一。所谓"粹"，意指通达人情、熟谙世务、思想开明、风流儒雅，而要抵达这个"粹"的境界，必须一步一步来，循序渐进，最后才得以登堂入室。

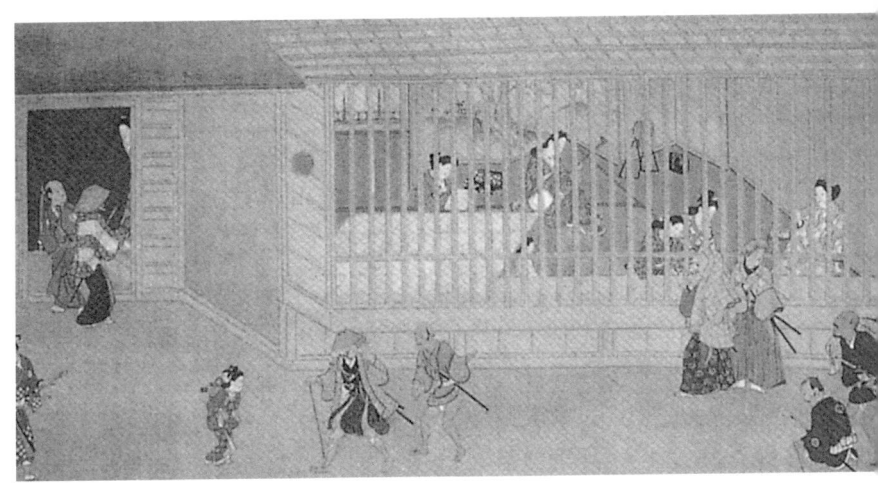

▶ 菱川师宣《江户风俗画卷·格子先》。图中武士戴着网笠披着羽织外衣以遮掩身份。

吉原的游女并非个个都是贫寒农家出身，有不少是京都公卿贵族门第的公主，或是触犯了幕府而遭改易抄家的大名千金，吉原专属的人口贩子终年在全国各地奔波，正是为了寻找天生丽质又出身高贵的女孩，以便送进吉原调教成太夫。据说经验丰富的人口贩子只消看一眼，便能判断出一个才四五岁的女娃有无成为太夫的素质。如果有，即便一掷千金也非得到将来很可能价值连城的"千金"。

游女通常自四五岁开始便在游廊接受种种教育，诗书、琴画、歌舞、茶艺等是基本教养，与一般贵族门第女子特异之处，是她们还必须接受衾枕欢娱方面的技巧教育。此外，由于肉体本身正是商品，她们从小便刻意"雕琢"肉体，所有一切对肌肤有害的食品，绝不入口。入浴时，一定放菖蒲，衣物也都要熏香，甚至连女阴也要塞麝香或龙涎香香袋。阴毛更不能忽略，不但要时常修剪，且必须用醋揉擦使其既柔滑又细软。本来就资质佳美，再加上如此长期的后天保养，不用整形，也可以拥有一副香肌玉体。其他举止言谈、应对、进退、一颦一笑等更不必赘述了。语言也很特殊，发音、用词均自成一格，这是为了要统一来自各地乡里的南腔北调。

吉原游廓四方都是沟渠，只有大门处是出入口，一进大门左右便有岗哨，一是幕府衙门人员，另一则类似事务所。出入吉原的不仅是男人，住在游廓外的女人必要时也可以进去办事，这时便必须在事务所领身份证明，免得一进去就出不来了。初期游客以武士阶级为主，大名和旗本也是常客之一，这些武士都从浅草骑马过来，正是现在东武伊势崎线浅草车站前那条"马道通"，每年 8 月的浅草桑巴舞祭也在此举行。后来游客的

▷ 本名为北川铁五郎的二代喜多川歌麿，描绘吉原扇屋两大花魁的《扇屋内泷川艳妆》。游女从小就格外注重保养外在美。

交通工具逐渐变成轿子或小舟。

吉原游女也有等级之分，最高级的是太夫，其次是"格子"，低级的是"端"。太夫和格子不是等闲之辈接触得到的游女，她们的后台不是大名便是俸禄高的旗本武士，要不然就是一些商场名士。幕府禁止武士阶级涉足吉原，其实是中期以后的事，对庶民来说，初期的吉原犹如青天上的白云。

第一次到吉原，必须先通过"扬屋"审核。一进吉原大门，左右两排便有扬屋，想叫太夫，要找老字号的扬屋。扬屋类似现代的日式旅馆，提供饮食、住宿。进了扬屋，先设宴，叫来一批男女艺人，醉舞狂歌轻松一下。之后，扬屋老板娘会来打招呼，顺便不动声色地打探出游客身份，再盘算可以叫哪家妓院的太夫，最后派人去通知对方。

接到指名通知的太夫，装扮完毕后（太夫通常不施脂粉，顶多在嘴唇抹红而已），从妓院出发到扬屋这段路程，正是"花魁道中"。太夫走在最中央，身边有一对童婢，这对如花似玉的童婢是未来的太夫候补；太夫前面是"振袖新造"，这也是未来

▶《两巴卮言》内的游女等级图，从右至左为太夫、格子、散茶、局。其中太夫最高级，其次为格子。

的太夫候补,年龄比童婢大;后面是"番头新造",即已经退休的妓女,专门照料太夫身边琐事;再来是几个小伙子,分别排在最前面提灯笼带路、举长伞殿后。其他还有扬屋派来的人,妓院保镖等。一行人和着太夫脚步,悠然自适地从妓院晃到扬屋。"花魁道中"于现代已经成为某些观光地区的卖点,或祭典时的特别节目了。

太夫来到扬屋,如果看不上游客,可以一语不发转身就走人。若是感觉印象还不错,会进房和游客对喝一杯。即使太夫看上了游客,第一次也是如此而已,而为了要让太夫接受这一小杯酒,游客到底要花多少钱?别的不说,光是酒宴费、艺人费、太夫随从的十几个红包、叫太夫露脸的"扬代"(约一两),

▶ 菱川师宣《江户风俗图卷·扬屋的大寄》。吉原游客进入扬屋后,招来游女摆设筵席。

▶ 歌川广重所描绘的花魁道中情景。游女们从妓院出来后，踩着独特的八字步悠然地晃到扬屋接客。

拢总算起来至少也要五至十两，一两大约现代十二万日元，请问，您玩得起吗？

第一次只是对喝一小杯酒，第二次太夫也绝不动筷子，第三次时，如果太夫准备了游客专用的筷子，便表示游客求爱成功了。一旦成功，宴会结束后，游客会再陪着太夫晃呀晃地回到妓院。来到妓院，又是一场宴会，这回请的是太夫身边的随从以及妓院相关工作人员。酒醉饭饱后，才能进太夫闺房。第二天，太夫陪游客入浴，款待早餐后，再送游客到大门。

至于夜度资要多少？哦，客官，咱们这可不是买卖噢，是"两情相悦"，请千万要弄清楚。如果您真中意奴家，那就让奴家买套全新寝具来伺候您吧。啥？寝具要几许两？啊，不多，五十两而已。

游客和太夫正式成为"夫妻"后，必须遵守"一夫一妻"规矩，男女双方皆不能有外遇。若是要切断关系，也要顺情顺理，彼此好聚好散。然而，一旦迷上太夫，花费并非扬屋费、初夜的寝具费而已，日后不但要时时给人家添置大大小小，连贴身童婢、见习太夫也要照顾得当，这，庶民岂能玩得起？

常言道："十年河东，十年河西。"吉原游廓当然也难逃人事盛衰兴替的命道。庶民与太夫之间既然隔着盈盈一水，自然而然私娼寮与流莺便会应际而生，且势不可当。幕府于是在1668年进行大规模扫黄，并将所逮捕的私娼与"汤女"（公共澡堂服务生，某些是变相私娼）全部送进吉原游廓。这些没有受过专门教育的私娼，虽然无形中破坏了吉原的格调，却也促使游廓逐渐大众化起来。

初期人人神往的太夫，高峰期大约有七十多位，一百年后剩下十多位，一百五十年后，仅存一位在孤军奋战。1752年，太夫制度终于完全瓦解冰消，扬屋也随之灭没。取而代之的是

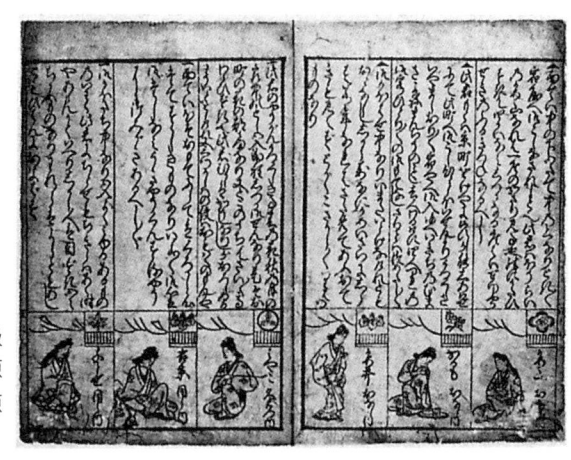

▷ 以评判游女等级及夜度资的吉原导游手册《吉原局总览》。

花魁与茶屋。换句话说，本来等级位于太夫、格子之下的"端"游女，由于更低级的私娼大量流入，不知不觉中便升级为最高位，而其中色艺两绝的正是花魁。

这时期，幕府早就禁止武士阶级出入吉原，因而主要游客是庶民。花魁和茶屋的格式与太夫时代大同小异，只是过程和花费都简化了，市面上甚至出现《吉原导游小册》，详细记载游廓地图、妓院规模、游女等级、夜度资等。1797年以后，游女等级细分为十四级，一直到幕府末期都没有变化。但为数三千至四千游女当中，百分之九十皆是下级游女，这些下级游女都聚集在妓院一楼任凭游客挑选，被游客看中了，便带领游客登楼过夜。夜度资相当于现代的一万五千日元，可以说是非常大众化的价格。而最高级的花魁和最低级的游女之间，价格差距大约是一百倍。不过，既然等级有十四级，游客也就可以依照当天荷包大小任意串花家了。

同样是游客，庶民与大名、武士的游法截然不同：后者碍于身份地位，凡事循规蹈矩，不敢竞出风头；前者则肆无忌惮，费心费力争抢镜头，只求能在吉原内留下风流话靶。青史留名的是江户二大巨贾纪文与奈良茂。纪文是纪伊国屋文左卫门（约1669—1734），奈良茂是奈良屋茂左卫门（？—1714），二者都是木材商，也是白手起家的暴发户。纪文的商号虽是纪伊国屋，但与现代的"纪伊国屋"书店无关，共通点是出生地同样是纪州（和歌山县）而已。现代的纪伊国屋第一代是纪州德川家的"足轻"（步卒，最下级武士），起初在江户开了家小杂货店纪伊国屋，后代又陆续换了几种家业，但商号始终不变。第八代于1927年改行开书店，直至今日。

话说纪文与奈良茂不但是同一个时代（五代将军）的富商大贾，而且都是幕府御用商，也就是现代的公共事业承办建筑公司，理所当然于公于私、于表于里都会明争暗斗一番。

例如，某天奈良茂派人送了两盘荞麦面（荞麦面两盘，是江户时代的吃法）给吉原某太夫，纪文知道后，嘲笑说："再高级的荞麦面也不过是荞麦面而已，那小子只送两盘？真是小家子气，这样也想在吉原混下去？好，管他两千三千，来人啊，搜集全吉原的荞麦面送给所有游女！"结果纪文手下人东奔西撞后，才知道所有荞麦面店都不约而同于当天临时休业，甚至连吉原外偏远的荞麦面店也关门大吉了。原来奈良茂事前早就派人一家一家各付了一整天的营业额，让店家临时休业一天。太夫那天吃的荞麦面，就变成名副其实有钱也买不到的珍馐。

还有一次，纪文和奈良茂同时在吉原扬屋办桌赏雪。纪文看奈良茂一副吟风弄月的模样，便想戏弄一下奈良茂。而要破坏奈良茂的赏雪气氛，最好的办法是让积雪全部消失。然而，光叫人铲雪或泼水的话，未免太"无粹"了，这问题委实令身边帮闲伤透了脑筋。有一帮闲灵机一动，在纪文耳边献计。纪文一听，立即命手下去准备。过一会儿，纪文将宴席移到奈良茂宴席对面的扬屋，号令一响，在座的艺人全体敲锣打鼓、载歌载舞起来，其他帮闲则对着楼下路面抛掷金银币。不消一刻，奈良茂眼前诗情画意的雪景马上变样为"雪中寻宝"的闹剧。据说，此时所抛掷的金银币，总计三百两。

有关纪文的逸闻趣事，坊间所在多有，江户民众与现代某些日本人皆知他其实是个政商勾结的奸商，但就是无法唾弃到底，反倒倾心相投。大概是因为他"游戏人生"的玩法恰恰符合了"粹"的精神吧。以现代人眼光来看,同样是一掷千金,奈良茂的玩法是"独乐乐",纪文却是"大家乐",可以说是天生的玩家。"隅田川乘凉记"正是个典型例证。话说某年夏季,江户街头巷尾传说纪文会到隅田川乘凉,风声一传开,众人争先恐后挤在隅田川旁等着看热闹,更有不少人雇船浮泛在川面,静待纪文出现。左等右等,还是不见纪文的船出现。就在众人议论纷纷时,自河川上流漂过来三三两两的朱漆酒杯,不一会儿工夫,河面上便满是酒杯。纪文本人则在河边树下边饮酒边观赏众人嬉笑怒骂抢着捞酒杯的光景。

至于大名豪游吉原的典故,就属仙台伊达藩第三代藩主伊达纲宗最有名。江户川柳、说话、戏剧、通俗小说等,都有流传记载。这个典故非常有趣,是说伊达纲宗迷上第二代高尾太夫,不惜花费七十五公斤重的金块替太夫赎身。七十五公斤,是太夫的体重,当然不是真正的体重,而是妓院命太夫在腰带

▶ 富豪纪伊国屋文左卫门在吉原抛掷金银让众人争相捡拾。

缠铁块以抬高身价。换算成现代价格，大约是五亿至七亿日元。就在高尾太夫搭船前往伊达宅邸的途中，纲宗见太夫闷闷不乐，一气之下，便在隅田川拔刀斩死了太夫。这是流传于世间的定说。

然而，事实并非如此，幕府命令纲宗归乡隐居时，高尾太夫也跟随纲宗到仙台定居，养尊处优一直活到七十七岁。这是伊达家医师女儿日后于手记《陆奥草纸》中所描述的实情，泷泽马琴曾将这一段事实收录在《兔园小说》一书中。第一代藩主伊达政宗所建立的灵堂瑞凤殿（仙台市），另有纲宗建立的善应殿，寺院内就保存着一扇"高尾门"，正是高尾太夫在江户的居所侧门。

说点题外话，有时候查历史典故，查到最后，往往会落得目瞪口呆的结局。我个人对第二代高尾太夫与伊达纲宗恋情深感兴趣的地方，正是在写这篇文章之前，我一直深信纲宗的确是在隅田川船上残杀了高尾太夫，很多小说都如此描述，大多数世人也这般认为。东京西巢鸭西方寺不是也有高尾太夫的坟墓吗？可是，为了力求真确，再度翻箱倒柜找出所有相关资料时，才发现事实与流传了三百五十年之久的"悲剧"完全相背。只能苦笑。苦笑之余，也更进一步痛感江户庶民对身份阶级制度的反感。明明是美谈，只因为美谈男主角身份是大名，便硬生生让太夫"惨死"在大名手下，让大名遗臭，间接创造出另一个身份虽低贱，却不屈于金钱、地位的"美谈"。而大众所编造出来的"定说"，通常又有群口铄金的作用。写历史典故的人，应该引以为戒，尤其是我。

话说回来，吉原说穿了虽是花街柳巷，但跨入吉原大门的

▷ 幕府禁止武士逛吉原后，吉原水准逐渐低落，庶民只要有点钱就可以进去玩玩。图中穿过吉原大门的三人，左边那位右臂上还有刺青。

游客不见得个个都是寻芳客。游廊内每个月都有节日，赏花、演唱会、戏剧、画展、祭典等，无所不包，相当于现代的艺术文化中心。女人当然也可以是游客之一，尤其碰到"更衣日"，到吉原逛逛，便可以知道尖端服饰与打扮。吉原更是当时文人、俳人与浮世绘画家共聚一堂的沙龙，日本最初领稿费的职业作家山东京传（1761—1816）的第一位夫人便是吉原游女，夫人过世后，再娶的夫人也是吉原游女。

时代进入明治以后，1872年6月5日，秘鲁籍轮船在横滨进港时，有一位奴隶身份的中国人跳海逃生，凑巧附近有英国军舰及时将他救起。但英国却将这位中国人交给明治新政府处置,于是明治新政府下了"奴隶买卖有违国际法"的判决,解除那位中国人的奴隶身份。秘鲁方面不满,以"吉原游女也是一种人口贩卖"为理由反驳新政府。凡事都朝西看的新政府,马上在10月2日公布"娼妓解放令",让吉原游廓游女全体恢复自由身。不过,这并非表示整个吉原游廓就此云消雨散,而是让妓院申请营业执照,并发许可证给不得不继续接客的妓女。原本游女一旦跨进吉原,必须到28岁(虚岁)才能退休脱离游廓,解放令公布后,变成契约年数最多是一年,其后每年更新工作条件。

1872年以后的吉原随着时代步伐逐渐变故易常,直至1958年才解体。然而,1872年之前的吉原却藉助于各种古文旧书,反倒让后代人心动神驰,念念不忘。男人实在是极为矛盾的动物,一方面追求速食恋爱、一夜情,另一方面却又憧憬古人"食不厌精,脍不厌细"的色道哲学。是男人天性得陇望蜀?还是生理构造令他们贪得无厌?

第四章 娱乐

第一节　园艺

英国园艺家罗伯特·福钧（Robert Fortune）曾于幕府末期的1860年、1861年二度来日，记录下大江户都市环境："这个广阔都市有一方紧邻江户湾，展现在我们眼下的是与远方水平线连接的大海。在这块有起伏与丘陵的土地上，到处可见庭园，栎树与松树等常绿乔木枝繁叶茂。"

福钧在此处指的是大名庭园。他是说，从山岗望下去，江户这个都市，一方是大海，另一方触目所及皆是绿意盎然的庭园。当时，德川幕府为了防御火灾，命令每位驻江户的大名至少要拥有三处住居，而大名宅邸必定都有庭园。换句话说，整

▶ 明治神宫内苑的茶亭，苑内遍植林木，菖蒲花多达百余种，江户时代原为彦根潘井伊家的宅邸。（张明义 摄）

个江户土地面积的百分之七十，皆是庭园。据说庭园总计有数千。例如，明治神宫与代代木公园本来是彦根藩（滋贺县）井伊家宅邸，东京大学原本是加贺藩前田家宅邸，上智大学是尾张德川家宅邸，隅田公园与小石川乐园是水户德川家宅邸，新宿御苑是信州高远藩内藤家宅邸，有栖川宫纪念公园则是忠臣藏赤穗藩浅野家宅邸……总之，东京现存的所有公园与绿地，都是江户时代的大名宅邸。

当时的大名宅邸既然可以成为现代公园，理所当然宅地都非常广阔。就连年薪只有二三十石的下级武士，宅地也都有一百至一百五十坪左右。年薪三百石的旗本，大约是五百坪；一千石以上的武士是七百坪；五千石以上则是一千八百坪；这些宅邸都有庭园或院子，就算庶民不能进去观赏，只要伫立在高地，便可以浏览整个江户的绿意。不过，据说有些大名会固定开放庭园让庶民观赏。

至于庶民住居，福钧描述："树篱都修剪得整整齐齐，院子拾掇得很整洁。""随处可见的茅舍或农家，都整理得干净利落。""让旅人休息的茶店，也有后院与鱼池。"最后福钧总结说："山涧与树木茂密的丘陵，静谧马路两旁都有亭亭耸立的行道树，加上常绿乔木的树篱，那种美，大概是全世界任何都市都比不过的吧。"

看样子，往昔的江户都市美，并非今日水泥丛林的东京所能比拟的。

大名与武士阶级拥有宽阔的宅地可以造园，那么，住在大杂院长屋的小庶民呢？那自然是盆栽与花草了。反正每天都有花草贩子挑着担子四处叫卖，花草价格应该不贵。

江户园艺热潮的倡始者,其实是德川家康。家康把将军职位让给秀忠后,便开始沉迷园艺,特地在江户城内辟了二万坪大的花圃(现在是皇居吹上御苑森林),专门栽种四季花草,其中约半数是山茶花。二代将军秀忠也极为喜爱山茶花。三代将军家光则耽溺于盆栽,在花圃一旁设置棚架,摆了众多盆栽,并派七位管理员全天候照顾,连夜晚也要值班守夜。家光特别喜爱松树盆栽,夜晚就寝时,也要将自己所钟爱的一盆小松树盆栽搬进寝室。这盆松树盆栽日后被赠给江户园艺名人伊藤伊兵卫,伊藤家于明治时代没落,便转售了这盆盆栽,后来由元老伊东巳代治收购,进献给昭和天皇,这盆"家光遗爱之松"才再度返回江户城。据说树龄已五百余年。

八代将军吉宗则是江户人的赏花舵手。吉宗为了培育庶民的赏花习惯,在江户城内栽种数千株染井吉野樱苗木,再大量

▶ 元文时期,吉宗在江户大量栽种樱树苗,小金井桥周边的玉川上水堤岸也种植了许多樱树,成为江户时期的一大赏樱圣地。

移植到隅田川堤岸、小金井堤岸、飞鸟山公园、御殿山等地，成为江户赏樱胜地。吉原游廓更于每年3月1日举行樱花祭，这些樱树于事前都经过花匠调整开花期，再将盛开的樱树全体移植到吉原游廓内，开放给一般民众观赏，这也正是赏夜樱的起源。附带说一下，日本国花是菊与樱两种，菊花是皇室象征，日本护照与议员徽章图案都是菊花；但樱花成为国花的历史却始于明治时代，当时自英国传进国花观念，媒体与文人才纷纷引用江户国学者本居宣长（1730—1801）的主张，将樱花列为国花之一。简单说来，菊花是往昔皇室与贵族的个人嗜好，樱花却是国民不约而同选出来的国花。东京都的都花正是染井吉野樱花，都树则是银杏。

话说回来，令江户人不厌其烦进行品种改良的花种是菊花、万年青与朝颜。菊花展于现代已经成为普遍性的个人雅趣竞赛，每年秋季，几乎全国各城镇都有菊花展。江户时代的菊花展是在室内举行的，一个竹筒插一支大菊，展品数多达六七百。万年青的观赏重点在叶子斑纹，热潮巅峰时期，品种多达百种以上。根据记录，大阪曾出现一盆价格高达二千三百两的珍品。换算成现代价

▷ 朝颜在江户时期是热门的观赏植物。

格,将近三亿日元。难怪当时的旗本会争先恐后地加入业余园艺家行业,这比当寺子屋老师或武术指导要赚得多。反正宅邸内有院子可以栽培。

"朝颜",说穿了,就是牵牛花。奈良时代传进日本时,用途是药用植物,日后才演变为观赏植物。江户时代的朝颜热潮是变种朝颜,当时出现了形形色色的奇葩异卉,可惜大部分都绝种了,现代朝颜主要是"巨大轮"品种。

江户时代的业余园艺家有不少是学问、教养均高人一等的武士阶级或文人,因而留下许多园艺书与彩色图片,而现代学者与市井研究家即便汇集尖端技术,也无法复原当时的众多园艺品种。例如"福寿草"(侧金盏花),全盛期有将近一百三十个品种,第二次世界大战后却只能复原五十多种。或许,江户人对园艺所付出的心血,并非现代人可以想象的吧。

▶ 葛饰北斋《富岳三十六景·凯风快晴》。

▷ 歌川广重《名所江户百景大桥安宅骤雨》,安政四年。

▷ 喜多川歌麿《歌撰恋之部・稀二逢恋》，约宽政三至四年。

▷ 东洲斋写乐《三代目大谷鬼次之奴江户兵卫》,宽政六年。

第二节　写乐是谁？

"浮世绘"是兴起于江户时代的一种民间版画，虽具有高度艺术风格，却因当时的日本人视之为宣传单或海报，不予重视，因而在江户末期至明治时代之间（19世纪后半），大量流传海外。有些甚至被当作瓷器的包装纸运送至海外。

所谓"浮世"，语出佛教用语的"忧世"，15世纪则扩充解释为"尘世""俗世"，16世纪以后更泛指妓院、歌舞伎等所有享乐世界。理所当然，浮世绘也包括了春画，当时几乎每一位浮世绘画家都曾画过春画。

浮世绘的魅力在于其高度的艺术价值，又因是当时的通俗绘画，题材多取自民众生活习惯与日常景象，再加上独特的色彩与创意，每幅皆具有鲜明的日本民族风格，也反映当时的日本文化背景。莫奈、梵高、马奈、雷诺阿等印象派画家，均受日本浮世绘的影响。梵高个人的珍藏品中有大量的日本歌川派浮世绘，而梵高湛蓝的天与金黄的向日葵，可说是就取材自日本的浮世绘。

一般说来，浮世绘的祖师是菱川师宣（1618—1694），本来只是专门画些以文为主、插画为辅的插画，后来插画逐渐发展为单独的一张版画。东京国立博物馆收藏的"回首美人图"，正是他的"肉笔画"（原作画）代表作之一。继菱川师宣之后的则是鸟居清信，擅长美人画，主角多是已婚妇女，而且画风明朗、健康，毫无病态美人的矫揉造作。接下来便是浮世绘黄金时期

▷ 菱川师宣的肉笔画《回首美人图》。

▶ 铃木春信的锦绘《坐铺八景·镜台秋月》,约明和二年。

代表画家的铃木春信。这时，浮世绘已由初期的三色版画进化为十色以上的彩色"锦绘"，而促成锦绘问世的火车头，则是彩色图画月历的"绘历"。

绘历本是一些有钱老爷的游戏，这些大爷们挥金如土，争先恐后地找当时著名的画师画画，更要求雕刻师、刷版师研发各种新技术。而接受订单的厂商，因客户不惜血本，也就会拼命思考新技术、订购新颜料，以满足客户的要求。以明和为年号的那几年（1764—1772），终于兴起一股"绘历展览"热潮。简单说来，就是一些有钱又有闲的大爷，有事没事就呼朋引伴聚集在一起，彼此互相竞赛谁的绘历最具创意或最优雅。

待热潮冷却后，人们才发现至今为止的三色印刷技术，竟不知不觉中被多色印刷取代，而且还偶然发明了能将印纸正确重叠在刷板上的小道具，让一幅画可大量印刷。这在当时是一种划时代的进步，也是全球彩色印刷的先驱。铃木春信正是绘历画家中的佼佼者。

一幅浮世绘通常需要画师、雕刻师、刷版师三者合力制成。画师先将原画完成，再由雕刻师将原画雕刻在二十至三十个樱木图版上，最后是刷版师在各个图版上涂上不同水彩颜料，再将图案印刷在纸上。一版通常能印两百张左右。颜色越多，图版也就越多，过程亦越复杂。或许，我们可以说，画原图的是画家，雕刻师与刷版师则是技术家。

歌川派是江户时代浮世绘界的最大宗派。日本浮世绘界自 18 世纪初直至今日，均深受歌川派的影响。始祖是歌川丰春 (1735—1814)，生于神奈川县伊势原市歌川村，因而取名为歌川。

▷《名所江户百景・龟户梅屋铺》,歌川广重晚年所作,是九幅名所系列之一。

丰春的门生人才辈出，初代袭名的丰国、第二代丰广均留下不少永垂不朽的杰作。此外，丰广的门生又出现了后期给予欧洲印象派画家很大影响的歌川广重，丰国的门生则有国政、国贞（后袭名三代丰国）、国芳等留名后世的人才。自国贞袭名三代丰国后，歌川派逐渐形成庞大集团，门生最多时高达二百数十名。

当时的执政者是德川幕府第十一代将军德川家齐，不但赏赐家徽给歌川派，还给予其自由出入日本全国各藩（诸侯领土）的特权。此外，又将瓦版印刷品之类的出版权交给歌川派主导，因此歌川派不受官吏或镇公所之类的公家机关管辖。

▶ 梵高的油画《开花的梅树》（1887），明显看出受歌川广重影响颇深。

歌川派可说是江户时代的传媒机关,门生们不仅是画图刷版,他们的海报与宣传画单,题材均取自当时的文娱界最风行的主题,再借之讽刺政治、社会风气,或报道市井新闻、镇上的各种活动等,相当于现代的周刊、月刊杂志,有时还借着背后的权力操作信息,势力非常庞大。

其他名垂青史的浮世绘画家另有喜多川歌麿、葛饰北斋、溪斋英泉等。然而,令后人津津乐道的画家,就属东洲斋写乐一人。这位创作期间仅有十个月,留下一百四十多件作品后便

▷ 东洲斋写乐《三代目佐野川市松》。

杳如黄鹤的神秘画家，到底是谁？

大凡日本人看到写乐的浮世绘时，绝对不会认错画家，一眼便能指出哪些是东洲斋写乐的作品。由此可见，写乐的画风别具一格，与其他浮世绘画家迥然不同。写乐的浮世绘多半是演员画，以现代视点来比喻，相当于红牌艺人的肖像画、海报。之所以会成为后人兴味盎然的神秘画家，在于他的创作期间仅有十个月，不但来历不明，日后又不知所终。宛如一颗流星，来时无声无息，去时无迹可寻。

写乐于一七五四年五月伴同二十八张大开本（36.5cm×26.5cm）、豪华黑云母印背景的演员大头画登场，直至第二年一月为止，总计留下一百四十多件作品，之后便销声匿迹，完全不知去向。一百多年后的1910年，德国美术研究家尤利乌斯·库尔特（Julius Kurth）写了一本《写乐》，颂赞写乐是冠绝全球的"讽刺画家"，使当时的日本人又惊又喜，不但重新认识了这位本来默默无闻的画家，也开始去探索他的生平与作品。无奈，人们探索了将近百年，写乐的谜却依旧解不开。

在现今的日本，大概没人会否认浮世绘是艺术品，但在江户那个时代，所谓画家是指幕府御用的"狩野派"或大名撑腰的"琳派"，浮世绘画家充其量只是个画匠，因而有许多画家的来历平生均是个谜，没有留下详细记录。那么，为什么单单写乐会如此令人感兴趣？

首先，是他的创作速度太快了。1794年是闰年，有两个十一月，因而他的创作时间是十个月。在这十个月中，他留下一百四十多件作品，单纯计算下来，几乎是两天画一幅。如果以歌舞伎剧上演月份来计算，有时候是一天一幅。当时同样是画演员画,也是写乐的竞争对手的歌川丰国,一个月也顶多只能画四幅而已。再说,即便有了原图,也必须与雕刻师和刷版师合作,商品才能上市。就算是天才,也无法如此大量地生产作品吧?于是,后人便猜测写乐其实是"复数人构成的工匠小组"。此外,他的画风可以分为四期,每个阶段的画风与落款都不同,试问,一位画家能够在短短十个月中就改变画风吗?而且是四种。

再来是肖像人物问题。写乐的演员肖像画有许多无名演员,甚至有非演员人物。如果是商品,应该会挑选红得发紫的演员,否则谁会买?例如美国大联盟的日本籍棒球员铃木一朗的照片,可能会有不少人抢购,但应该没人会去买球团经营者的照片吧?这种不计市场需求的做法,目的在哪里?难道写乐的版画其实不是一般商品,而是专门供给无法到剧场观剧的达官贵人的?

最大的疑问是出版社。当时出版写乐作品的是茑屋重三郎经营的"耕书堂",这是家大型出版社,拥有不少如山东京传、平贺源内、杉田玄白等畅销作家。茑屋更是喜多川歌麿的培育者。然而因幕府进行"宽政改革",取缔出版业,不但没收了茑屋大半财产,更禁止他出版大众小说书籍。照理说,茑屋不可能在经济受打击的时期,贸然花费庞大资金去出版一位无名画家的版画。就连喜多川,茑屋最初也是先让他画书籍内的小插画,步步为营地将他培育成畅销版画画家。可是,写乐没有任何业绩,画的又是非主流作品,为什么茑屋肯下这个赌注?而且在写乐创作期间内,茑屋只出版写乐的作品。难道幕后有富商大贾在垫支资金?或是,写乐正是这位富商大贾?

▶ 茑屋重三郎所经营的位于日本桥大传马町三丁目的耕书堂。

写乐消失后过了两年,茑屋也过世了,留下"写乐是谁"这个谜,让后人想破头也解不开。

浮世绘于江户时代虽有许多宗派,但一脉相承至今的仅有始祖是鸟居清元的鸟居派。这是由于鸟居派的门业是歌舞伎剧的看板画,才能与歌舞伎剧同休共戚至今日。现今东京银座的"歌舞伎座"剧场,每个月都会换看板画,画家正是鸟居派第九代掌门人鸟居清光,是位女性,典型的江户仔。鸟居清光除了画歌舞伎剧的看板,还兼任舞台美术、舞台服装等设计工作。

第三节 茶道

明庵荣西（1141—1215）是日本临济宗鼻祖，也是日本"茶祖"。荣西禅师在遣唐使已中断三百年后，历尽艰辛二度远赴南宋，1191年归国时带回来茶种子与栽培方法，生前主张"茶，养生之仙药也，延龄之妙药也"，也曾著作《吃茶养生记》进献给镰仓幕府第三代将军。话虽如此，这并非表示在此之前日本人从未喝过茶。7世纪初，遣唐使便已带回茶叶和喝茶习惯了，只是，荣西禅师是第一位移植成功的人。

然而，若要说日本茶道创始人是谁？那就非村田珠光（1422—1502）莫属了。村田珠光也是僧人之子，年少时入了奈良称名寺法门，却因为迷恋上斗茶游戏，被寺院逐出门墙。所谓斗茶，在当时是一种推测茶叶产地、茶叶质量、水质产地的赌博游戏。珠光日后到京都大德寺一休宗纯禅师门下参禅，解悟品茶的蕴奥，继而创出仅有四叠半空间的"草庵茶室"。简单说来，便是将至今为止只能在豪门内用屏风围起来举办的品茶会，改革为在寒舍陋室也可以风流尔雅一番的大众文化。珠光废弃所有大唐样式的茶具，例如将象牙或银制茶杓改为竹制茶杓等，带头创造出日本式格调的品茶会。

▶ 日本茶圣千利休，战国时代曾受职田信长与丰臣秀吉重用，最后却遭秀吉赐死。

> 狩野胜波笔下的水墨画《久留米藩士江户勤番长屋绘卷》，描绘下级武士的茶会情景。

珠光的徒孙正是日本茶道中兴之祖武野绍鸥（1502—1555）。绍鸥不但摒弃了一切豪华茶具与装潢，更将"连歌"（由二人以上分别咏和歌长句"五、七、五"与短句"七、七"的接龙诗歌）的闲寂美学也引进来，创出"佗茶"精神。"佗"，闲寂、幽静也。绍鸥想表达的是镰仓时代末期歌人藤原定家（1162—1241）所咏和歌"举目今何在，樱花与枫红，海滨一茅庐，秋令观暮色"之境界。而日本茶道的集大成者正是绍鸥的弟子千利休（1522—1591），他也是日本茶圣。

千利休是大阪府堺市富商，不但将四叠半茶室改为仅有二叠的空间，更积极采用无名作家的陶器与茶具，并将茶前的豪华怀石料理简化为三菜一汤。织田信长与丰臣秀吉均先后重用过千利休，但茶会在信长时代只是掌握政治经济的仪式，直至秀吉时代才普及开来。有关千利休的事迹轶闻，在此就不多述了，总之，秀吉与千利休度过一段蜜月期后，因种种理由，秀吉命千利休切腹结束一生。三年后，秀吉才准许千利休的孙子千宗旦复兴家门。千宗旦之后，千家茶道又分为"表千家""里千家""武者小路千家"，三千家流传至今，是现今日本茶道最有名的三大流派。

江户时代，德川幕府确立了士农工商的身份阶级制度，也设立了茶人职务制度。最高职位当然是将军家师范，最低职位则是负责幕府内琐事的小和尚。其他大名也仿效幕府，纷纷聘用茶人。起初是请禅师指导教授，后来便专门雇用少年进行培训，因为这些少年一律要剃光头，所以才称其为和尚，实际上并非真正入沙门的僧人。江户城内有一百位"奥和尚"与二百位"表和尚"；奥和尚专门负责将军身边琐事，表和尚则专司上班族大名的杂务。奥和尚茶头有两位，年薪二十五石；表和尚

▶ "御茶壶道中"始于庆长十八年（1613），并于宽永十年（1633）制度化，直到八代将军吉宗上任后才有改善。

茶头有九位，年薪二十石。不过，表和尚茶头有时候可以收到大名给的红包。茶头上面当然还有上司级人物。

如此，本来是兴趣领域的茶人身份，一旦职务制度化后，自然而然会萌生阶级意识，而为了巩固自己的地位，便不得不取得"某某流派师家"或"某某流派高徒"等资格。

幕府、诸大名与公卿之间盛行茶会的话，一些御用商人当然也会紧跟潮流，时时举办茶会招待客户。江户时代中期以后，儒学勃兴，逐渐成为国教，失去幕府庇护的佛教便日益衰微。而茶道本就比较接近佛教思想，因而众多儒者渐次取代了茶人的地位，也间接影响到茶人的经济环境。这时，某些茶人为了温存茶道，干脆罢官降格，以商人或一般庶民为对象，树立民间茶道流派。这类及早进行转变的茶人流派，都得以流传至现代，但当时的那些死守官职的茶人，便大部分都后继无力了。

幕府虽然让茶人坐冷板凳，但这并非意味着幕府从此不再举行茶会，只不过是茶人完全失去政治发言力量罢了。日本茗茶"玉露"的产地是京都府宇治市。三代将军以来，宇治茶一直是幕府的御用茶。每年于固定时期，幕府会派人到宇治领取新茶。这个往返江户、京都的御茶搬运行列，正是日本史上恶名昭彰的"御茶壶道中"（道中，旅途之意），其恶行甚至留在日本童谣中。

"御茶壶道中"权威仅次于钦差、皇族，根据 1671 年史籍所记，随从多达一百二十人，马匹二十三骑，规模与五万石大名行列差不多。沿途一路不准农家下田工作，尤其严禁农家洒粪肥，街道也要打扫得一干二净，孩子也不能放风筝。"参勤交代"中的大名行列若遭遇"御茶壶道中"，除了大名本人可以坐在轿子内，其他随从均必须下马跪坐在马路一旁，因而无论规模多大的大名行列，只要一听到可能将与"御茶壶道中"相遇的消息，都会识相地绕道，免得自讨苦吃。

　　幕府末期，茶道曾一时衰败到谷底，到了明治时代，国粹思想再度勃起，尤其是第一次世界大战时，茶道昌隆，千家流派正是在这个时期扳回势力，绵延不绝到今日。明治时代以后的茶道，已经大众化、通俗化，再加上出现众多女性师范，茶道便成为日本新娘子的修业课程之一。

第四节　相扑

提到"相扑",大概有不少人会联想到"日本国技"。不过,日本人视相扑为国技的观念,历史并不久。1909年两国国技馆举行开幕式时,由作家江见水荫(1870—1934)起草的致辞文中,首次出现"相扑毕竟是日本的国技"这句声明。自此以后,"相扑是国技"这个观念才普及开来。至于"国技"这个词到底是谁发明的,则无从追查了。

说起来,相扑本是古往今来全球共通的竞技之一,而就不利用任何武器徒手争强斗胜这点来说,恐怕也是人类最原始的竞赛游戏。古代奥林匹克便有全裸男子以相扑体式揪在一起的竞技,日后才演变为摔跤与拳击。中国《礼记·月令》中也提到"天子乃命将帅讲武,习射御、角力",只是,此处的"角力",范围可能更广。

中国汉字中原本没有"相扑"一词。大约是590年,印度人将释迦传记《佛本行集经》翻译成汉字时,刻意将印度的徒手搏斗竞技翻译成"相扑",以别于"角力",可见当时的印度徒手搏斗竞技形态与中国的角力不同。河南省密县打虎亭所发掘出的东汉墓室壁画"角抵之图",形态也跟摔跤类似。总的说来,这种以力技扑倒或摔倒对方的竞技,应该是人类有史以来便存在的。然而,就形态来说,与日本相扑最接近的大概是蒙古相扑吧。

太古以来,日本便有类似相扑的竞技,但实际以文字记载

▶ 胜川春英《大相扑入场》,约宽政七年(1795)。

相扑例子的古籍,是8世纪初编纂成的《日本书记》。书内记述第三十五代皇极天皇在位期间(641—645)为了接待古代朝鲜百济国使者,召集了宫廷卫士举行相扑竞赛。在这之前,相扑原本是流传于民间的一种祭神仪式,目的在于占卜农作物的收

成。到底怎么占卜呢？方法很简单，便是由各个村落选出力士代表在公开场合斗劲，赢的一方，表示将得到上天照拂，该年可以丰收。

8世纪奈良时代中期开始，以天皇为主，朝廷贵族间也引进相扑,成为每年七夕祭的余兴节目。日后逐渐发展为独立节日,与元旦、端午、重阳等节日并重。到了平安时代821年第五十二代嵯峨天皇时,更正式将相扑制定为宫中重要仪式之一,与弓箭、骑射并称为"三度节"。由于是在宫廷内举行的"国占",这时期的相扑节仪式不但非常隆重,事前准备与当天的进行顺序也极为繁杂。《今昔物语》与《宇治拾遗》中均有许多有关相扑的奇谈趣闻,《源平盛衰记》中更有以相扑胜负来决定皇位的记载。相扑成为宫廷重要仪式后,才去粗取精,摒弃了拳打、脚踢之类的粗暴行为,升华为完全以"技"及"力"取胜,与现代相扑类似的形式。

平安末期以后是武士治世的镰仓时代,华丽的宫廷相扑逐渐衰退,转而由武士接手。相扑到了武士阶级之手,便成为实战武术训练法之一,更派生出柔术(柔道)。于是著名的相扑力士纷纷成为武士,在战场纵横驰骋。但大多数的宫廷相扑力士则回到乡里,成为祭神占卜相扑的指导者,并将宫廷内的相扑礼仪规矩传授给一般农民。从镰仓时代直至织田信长与丰臣秀吉统一天下的安土桃山时代,这期间将近四百年,相扑一直是武士阶级与农民的共同娱乐。

江户时代德川幕府到了第三代将军末期时,幕府权力已坚如磐石,世人开始享受天下太平的滋味,相扑热便益发高涨起来。只是,这时的江户还是个野蛮都市,失业浪人充斥,旗本与大名家臣也还没摆脱战国时代的霸气,再加上一大堆来江户闯荡江湖的粗豪汉子,这些汉子中当然会出现所谓的"侠客",专门与武士对抗。总之,这个时期的江户,跟美国西部开拓时代差不多。因而每逢相扑公演时,一定会发生打架骚动,甚至演变为血案。

当时盛行的相扑被称为"劝进相扑","劝进"是筹募盖庙或造桥等经费的活动,而这些活动举办人往往不仅是力士,还有专职的"相扑浪人"。这些人举办活动时,通常是在闹区随便挂个招牌或旗帜,就地表演起来,再让观众丢钱币。"劝进相扑"不禁止临时报名参赛,任何看热闹的观众都可以出场。因此,想夸耀自己本事或力量的一些旗本少爷,或某些有头有脸的侠客手下,便会为了争一口气而跳出来参赛。这样一来,本来旁观的某些粗工也就会沉不住气,纷纷跳出来一比高下。也难怪,初期的江户可以说是野性男人的天下,碰到这种会令人全身血液沸腾的活动,不会发生流血事件才怪。

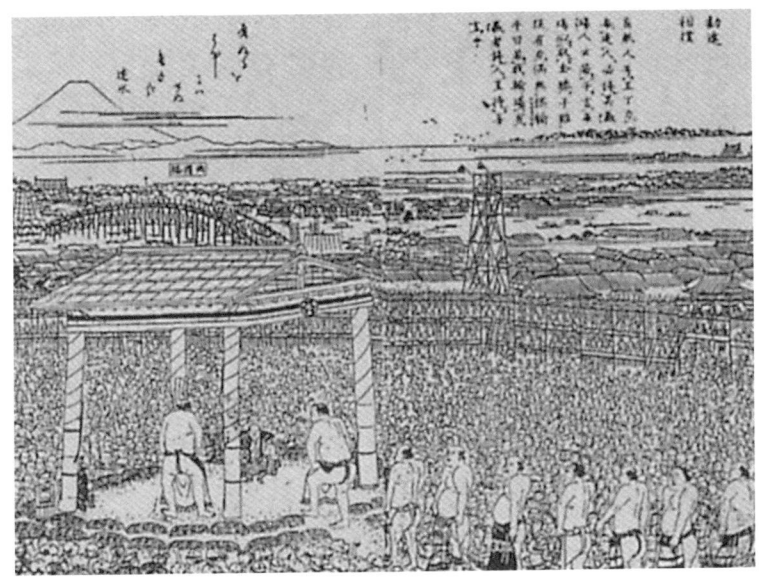

▶ "劝进相扑"曾风行一时,但最后演变成打架流血事件层出不穷,因而,幕府数度发下禁令。

由于相扑事件太多，幕府不胜其烦，终于在1648年发下禁令。可是，上有政策、下有对策，相扑活动依然十分热门，只是将场所转移到郊外而已。十三年后，幕府又发下禁令，这回的禁令不只限于江户，连大阪、京都也一律禁止举行相扑活动。幕府会如此三番两次发下禁令，大概是真的受不了群众的"血气方刚"。1684年，职业相扑力士雷权太夫向担任寺院行政的"寺社奉行"申诉，经过种种评议，不但制定了相扑场界线的"土俵"，也制定了四十八手技法与各种犯规限制，更去除了临时报名的参赛方法，幕府这才解除了禁令。不过，活动场所只限于寺院内。这在相扑史上是一种划时代的进步，职业力士都必须隶属于某某相扑集团才能参赛。然而，幕府于日后又发布了几次"野相扑"禁令，可见除了正式相扑活动以外，非正式的"野相扑"应当也相当热门。

一八六八年四月，江户城无血开城；五月，新政府与旧幕臣组成的彰义队发动了上野战争；七月，江户改名为东京；八月，明治天皇即位典礼；九月，年号改为明治；十月，江户城成为皇居。然后，十一月，相扑"冬场所"在两国桥桥头隆重开幕。这一年是改朝换代的年度，社会动荡不安，竟然还能举行相扑活动，足以证明相扑到了这个时期，已非让人看热闹的杂技，而是不折不扣的体育竞技，且孕育出"相扑道"了。

然则好景不长，一切向西看的新政府竟然以"相扑是裸体的野蛮游戏"为由，于明治六年（1873）发下禁令。忙着穿西装、学西洋舞的大部分年轻官吏也盲从附和，大力批评相扑是"不合时代的裸体舞"；媒体更是兴风作浪，公然排斥相扑。总之，相扑排斥论一直持续到明治时代中期。而于幕后再三袒护解危

▷ 19世纪末相扑力士的照片。

的是政府元老黑田清隆、伊藤博文、后藤象次郎、板垣退助等人。

如今,相扑已成为全球公认的日本国技,但这也是历经盛衰荣辱才得以如此的。所谓传统文化、艺能、体技,的确非一朝一夕便能形成的,不但必须耐得住大风大浪,还得靠众人扶持才能绵延不绝吧。

第五节　庶民旅游

三代将军所制定的"参勤交代",不但令全国交通网急速扩增,也令旅馆业逐渐进化。幕府管制下的五大街道是东海道、中山道、甲州街道、日光街道以及奥州街道,德川家康于江户设置幕府之前,便先整修了这些主要街道,并增强了战国时代以来就存在的"传马制度"。所谓传马制度是每隔一段距离便设置二十四小时营业的"宿场",让传送公文的公役或运输军粮的队伍,可以在每个驿站休息投宿并更换马匹。

▶ 江户庶民通常都是借宗教参拜之名,以行旅游览胜之实。

参勤交代制度化后，宿场便成为客栈聚集小镇，而除了五大街道，各个藩国也尽心竭力兴修次要街道与枝节小道，不但在街道两旁种植林荫树，更每隔一里（四公里）都设置"一里冢"里程碑，河川也设置摆渡船。总之，连位于深山穷谷的村落都有小道可以连接大道，因而有关旅游的周边设施，其实在江户初期便已经完备了。不过当初旅游者只限公差武士、工商人员，以及巡礼者。松尾芭蕉于1689年到东北地方探访奥之细道，又深入欠缺宿场设施的日本海沿岸地方，可以说是绝无仅有的特例，也难怪后人会怀疑他是幕府密探。

江户初期至中期，庶民能够长途旅游的机会大约终身只有一次，而且目的地是现今三重县的伊势神宫。根据记录，爆发性的大规模参拜旅游团始于1650年，其后分别是1705年、1718年、1723年、1771年、1830年。一般而言，庶民想参加伊势参拜旅游团，必须组织储蓄会，定期缴纳会款，然后每年自会员中挑选出壮年男子和刚成年的青少年，送他们出门代为参拜。某些地区是全体会员都可以参加，某些地区则由当地神官充当导游。

碰到爆发性参拜旅游团时，一些怀中抱着婴儿的农家主妇、少女少男、商家奉公者等，便会丢下一切临时加入行列，跟随大家狂欢去。这种突发性游客于事前不但没有任何旅游准备，更可能身无一文，不过沿途住民与富豪人家，一听到参拜大集团将经过时，通常会准备堆积如山的吃食和草鞋免费供游客使用，相当于一种热病。1705年时，热病已传播到东国江户，西国广岛、四国等地。参拜人数最高纪录是1830年的四百八十六万人，当时总人口约三千万人，换句话说，光是这

> 旅游免不了花钱，自己准备握饭团可以节省一点经费。图为歌川广重《东海道五十三次细见图会藤泽·平塚三里半》。

一年，每六人中便必有一人经历过最长五六百公里远的旅游。可见江户中期以后，旅游对庶民来说已经是家常便饭了。

免费的参拜大集团应该算是特殊例子，平常一般庶民想出门旅游时，当然事事都要花钱。举例来说，从江户第一站日本桥出发，沿着"东海道五十三次"（五十三个宿场）来到最后一站京都三条大桥，全程四百九十二公里（现代高速公路是五百零三公里），身强力壮的男人单程大约需十五天，途中宿泊、交通（马匹或轿子、渡船）、饮食，再加上土产费用，来回旅费至少要四五两。江户收入最安定的职业是木匠，月薪是二两，只要存够两三个月的月薪便可以到京都旅游，应该不算是天文数字。商家下女的年薪也只二两多，收入当然比不过具有一技之长的木匠，不过商家下女平常吃穿都是雇主提供的，想存钱并不难。

木匠和商家下女都是大都市居民例子，那么占总人口八成左右的农民呢？《甲州街道历史之道调查报告书第五集》中，有一段很有趣的记载。话说1730年，有位旅人雇了马夫在甲州街道赶路，来到驹木野（现东京都青梅市）附近。夜幕低垂，马夫说他家就在不远处，可以就近到他家过夜。于是旅人便随马夫来到他口中所谓的"寒舍"。不料抵达后，旅人才知道马夫是一家有众多男仆女仆的富农少爷。原来即便是富裕农家子弟，除了正业外，也会利用自家马匹赚外快。

1816年刊行的《世事见闻录》（武阳隐士著）中，也提到当时农民不但都用发带束发，还抹上香油，农妇脸上也擦白粉、抹胭脂，发髻上更装饰着银制发簪；脚上不再是粗陋的稻草鞋，而是竹皮草履、木屐，身上也不再是蓑衣笠帽，而是雨伞雨衣。

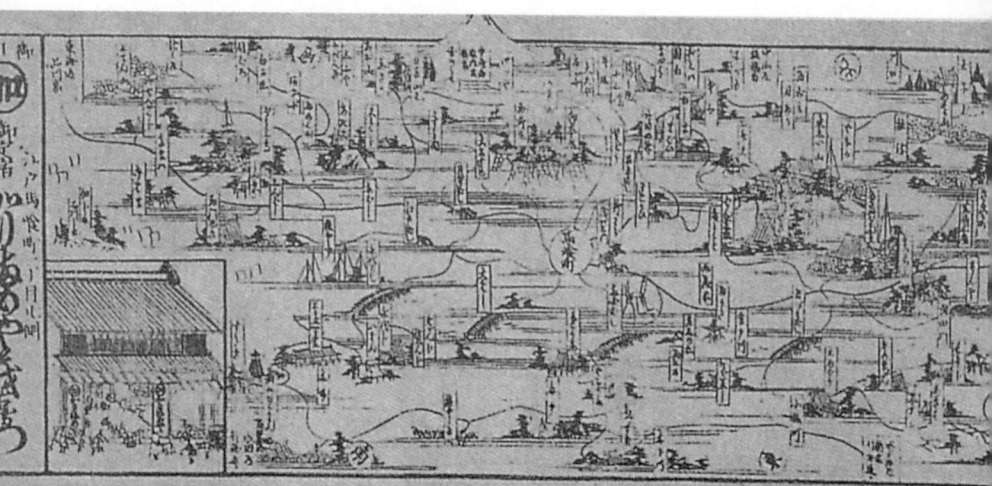

▶ 17世纪中叶，市面上开始出现介绍宿场的导游图，为旅客带来不少便利。

有些农民甚至让理发师剃前额束发髻，装扮与都市人一模一样。看样子，除非遭逢天灾导致年谷不成，要不然当时的农民应该过得比现代人想象的还要丰衣足食。

一般来讲，老百姓若想无忧无虑地周游全国，最低条件有三：一是国内和平，一是交通发达，另一则是货币流通。而这三个条件，江户时代都具备了。既然打算长途旅游，现代人首先想到的应该是导游手册，江户人当然也不例外。大约1655年开始，市面上便已经出现携带用导游手册，除了介绍五大道沿途的各个宿场，还标明了宿场与宿场间的里程。1677年，日本第一本名胜观光指南《江户雀》上市；1689年，井原西鹤更出版了图文并茂的《一目玉铧》，这是纯粹给一些无法出门的读者用来望梅止渴的名胜导游。

出门旅游时，无论武士或庶民，都必须随身带着身份证。

武士的话，可以向所属大名申请，老百姓则通常请寺庙住持或当地公务员发行。出发前，不但要向左邻右舍通告，也要照会所有亲朋好友，做生意的更不能忘了向往来客户关照一声。这些人或多或少都会送饯别费来。这种送饯别费的习惯，一直延续到现代，只是对现代人来说，旅游已经成为家常便饭，因而通常只限留学、赴任、迁居等可能将长期无法重逢的例子。想当年，我带着两个孩子远渡重洋到中国河南省留学时，所有夫家亲朋好友都曾为我们母子办桌摆席，当场收了不少饯别费。

旅人除了身份证以外，还必须申请"关所"签证。幕府管辖的五大道沿途有三十五处主要关所，若加上小关所，总计七十六处，而其他各藩国私自设置的海关则被称为"番所"。关所和番所的设置目的都是监视出入境的可疑人物，只是关所集中在五大道，番所则分散于东北地方、日本海沿岸的北陆诸国、九州岛地方等。五大道沿途的诸国大名，不是与德川家有血缘关系，便是代代臣服德川家的家臣，因而关所的出入境条件便

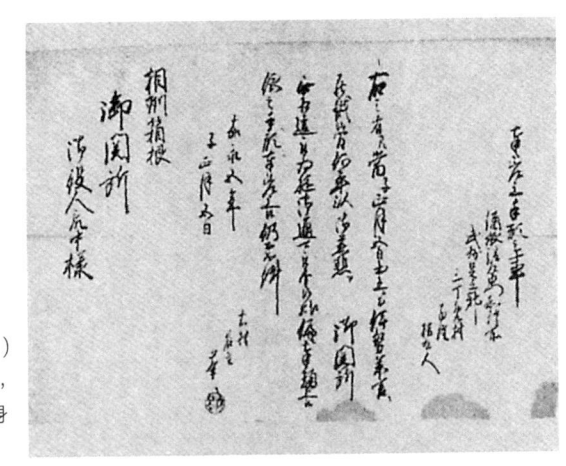

▶ 嘉永五年（1852）箱根的关所手形，这就是通关的身份证明。

比番所严格许多。

最严格的是箱根关所，铁则是"入境步枪，出境女人"，意思是绝对不能轻易让步枪过关进入江户，也绝对不能随便让女人过关离开江户。特别是武士门第女人，对幕府来说是重要人质，因此，她们申请关所签证时，不但要填写发型、服装、身高、体重等基本人相，连身上有什么特征或黑痣，都必须写得一清二楚。箱根关所有所谓的"人见女"，正是专门检查女人身体的海关人员。不过，上有政策、下有对策，只要出发时走中山道，归途时再走东海道，便可以突破箱根关所。反正幕府只是禁止武士女人出境而已，对于入境女人则非常宽容。根据记录，没有签证欲闯关而被判死刑的偷渡者，二百多年之间只有六名，可见政策归政策，在现场办公的海关人员其实并非严惩不贷。至于男人，通关手续非常简单，只要身上没有武器，通常很容易过关。（附记：箱根关所经过修复，目前已完成。）

宿场旅馆，初期设备极为简陋，旅客必须自备食物，柴火、烹饪道具等则向旅馆采购或租借，当作宿泊费。当然初期也有提供伙食的"旅笼屋"，不过，一路省吃俭用的庶民通常都会住简易旅馆。中期以后，庶民荷包绰绰有余，旅笼屋才遍及各大道。又由于竞争激烈，旅馆设备和服务也就节节升高。从日本桥出发，第一站宿场便是品川，当时这儿旅馆数多达九十三家，现在北品川车站前的商店街道，便是旧东海道，而圣迹公园则是本阵遗迹。名古屋热田宿场旅馆数更多达二百四十八家，因为这儿有规模仅次于伊势神宫的热田神宫。

旅笼屋分两种，一种是一宿二餐的普通旅馆，另一种是有侍女专门照料旅客身边琐事的旅馆。不过，江户时代后期，庶民旅游风气旺盛，旅馆街便出现了拉皮条的无赖，有些旅馆甚至让侍女卖色，于是大阪商人首先组织了"优良旅馆公会"（"浪花讲"），拒绝买春旅客、赌博旅客、喝酒大闹旅客等。这一组织广受好评，尤其是女性，自此，她们便可以安心住进大门前挂有公会招牌的旅馆。

来到旅馆后，首先，侍女会端来一盆洗脚水，帮旅客洗脚。之后是入浴。洗掉一身尘埃后，侍女便会端晚餐过来。这时，旅馆主人也会来打招呼。旅客就寝后，侍女还会帮旅客洗袜子、绑腿和草鞋，再挂在房间钉子上晒干。基本上是二人合住六席大房间，八席大房间可以住三人。宿泊费大致是现代五千日元左右。

▶ 歌川广重的《东海道五十三次之内御油》，描绘御油的旅笼屋，服务生在店外拉客的情形。

▶ 三代将军家光的弟弟德川忠长,曾在大井川架设浮桥,被家光以防范关西大名入侵为由勒令拆毁,旅人只能靠渡河卒背负或抬轿才能渡河。

东海道之旅令旅客最伤脑筋的是静冈县大井川,长约一百六十公里,宽约一公里多。德川幕府为了军事上的理由,故意不在河上架桥,也禁止设置摆渡船,因此想渡河的旅客,必需仰赖"渡河卒",利用台座或是骑在渡河卒脖子上过河。水深不及胯下时,渡河费是四十八文(一千二百日元);若是超出胯下,不及腋下,渡河费是九十文至一百文(二千五百日元)。水深高达一百四十五厘米时,便不能渡河,旅客就得在旅馆内等河水退掉。女性旅客通常会搭坐四人抬举的台座,一人二千二百日元,四人便是八千八百日元,光是渡河费,就比宿泊费昂贵。难怪大名行列最怕雨季河水上涨时节,即便不是雨季,十万石规模的大名行列想渡河时,大约要花三四十两,简单换算成现代日元,至少也有三四百万。明治三年（1870），新政府在大井川设置了摆渡船，致使当时所有渡河卒只能改行开垦茶园，这正是现在静冈县金谷町是产茶名区的由来。

假设江户人的旅游热潮是自 1700 年开始的，那么，翻阅一下世界史，便可以知道江户时代的日本，很可能是全球最先进的旅游国家。18 世纪初至 19 世纪中期，日本列岛以外的国家到底都在忙些什么？欧洲烽火相连；美国刚独立，忙着排挤印第安人，之后又发生了南北战争；法国闹大革命；中国处于内忧外患的立场……而江户人却无论男女老幼都可以自东京一路游山玩水直至京都、大阪，应该说是极为幸运的老百姓吧。

第五章 幕府

第一节　历代将军

日本武士团成立于 11 世纪左右，当时武士团的性质相当于私家军队，也就是领主为了防御外人入侵所组成的保镖团。12 世纪以后，贵族与武士势力逆转，日本历史便跨进了为期七百多年的武士社会。武士阶级被称为"武家"，京都朝廷贵族则被称为"公家"。德川家康设立幕府之后，更制定了"禁中并公家诸法度"，第一条规定便限制天皇的行动，并剥夺了其行政权力，只准天皇钻研学问。其他法度也都是掌控朝廷贵族公卿的内容，自此以后，公家社会完全丧失了任何权力，朝廷也成为泥塑木雕的装饰品。换句话说，武家是武人贵族，公家是文人贵族，前者主持政务，后者则专门研究学问与礼仪。

265 年的江户时代，总计持续了 15 代将军，在这个锁国政

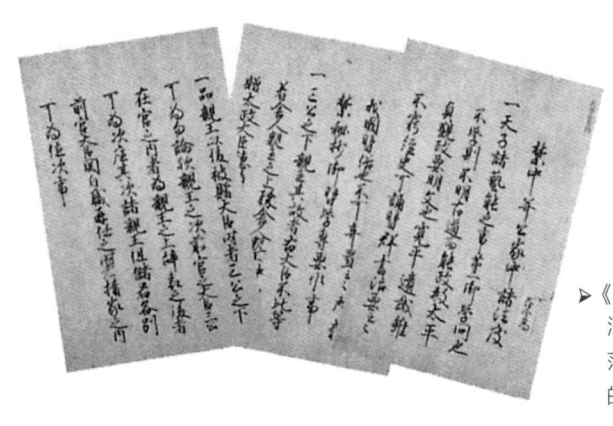

▶《禁中并公家诸法度》，强力规范天皇与公卿的行仪规矩。

▶ 战国时代最后的王者，开创江户幕府的德川家康（大阪城天守阁藏）。

策的和平时代，日本国内到底发生了些什么大事件？让我们依循每位将军的年代来走马看花一下。

第一代德川家康（1542—1616）

德川家康是江户幕府的开创者。在战国时代初期与中期，他本来只是微不足道的小角色，是个夹在强国之间苟延残喘的弱国主君，却秉持着一个"忍"字，最后成为战乱终结者，也是统一全日本的一代巨擘。德川家康3岁时母亲被逼改嫁；6岁时在政治交易中成为人质；8岁丧父成为孤儿；直至晚年，他始终是其他霸者的卑微侍臣；61岁时，开创了日本史上，也是世界史上独一无二的太平盛世德川幕府。

2003年是江户开府四百周年纪念，也是歌舞伎剧四百周年纪念。如今，幕府已经不存在了，"江户"这个地名也改为"东京"，但歌舞伎剧依然薪火相传至现代，且成为日本传统艺能之一。

歌舞伎剧创始人是出云阿国。阿国本来是岛根县出云大社的女巫，某一年，为了劝募修复神殿的经费，遂率领其他女巫离开故乡周游诸国。阿国天生丽质，又擅长歌舞，起初只是一边唱歌一边摇钲，顺势跳着故乡的神乐舞而已，由于服装是黑

▶ 歌舞伎剧创始人出云阿国。

色僧衣，跳的又是井然有序的团体舞，令人耳目一新，广受欢迎。到京都后，阿国人气更盛，却也掀起了模仿热潮，一些游女纷纷组成歌舞团，有样学样起来。这时，阿国遇见闻名京都的花花公子名古屋山三郎。

名古屋山三郎是织田信长侄女的儿子，原本是会津若松城主蒲生氏乡的家童，因主君骤亡，成为浪人，又是个美男子，便在京都狂蜂浪蝶，艳名远播。山三郎似乎天赋音乐艺能之才，阿国向他商讨剧团去路问题时，山三郎出了许多独创一格的点子，为阿国的剧团开创了新天地。舞蹈、作曲、伴奏人的吆喝、舞台演出，以及中间插播的"猿若狂言"（滑稽短剧），均是山三郎的创意。1603年，也正是幕府开幕那一年，阿国在舞台上女扮男装所演的戏剧，令阿国剧团名声大噪，这正是歌舞伎剧的起源。

不过，到了第三代将军，由于女歌舞伎剧玉石混淆，许多剧团假戏剧之名进行色情交易，于是基于风纪理由，幕府便发下"禁止所有女人登上舞台"的禁令，歌舞伎剧才逐渐演变成今日的形式。

第二代德川秀忠（1579—1632）

二代将军于27岁上任，45岁隐居，与家康比较起来，这位将军显得极为平庸，对父亲唯唯诺诺。这也难怪，父亲太伟大的话，当儿子的也只能唯命是从。

二代将军在任期间，首要事件应该是"宇都宫吊天井"。事件发生在家康七周年忌辰，秀忠到日光进行法事，出发时身边有五万随从，花了四天才抵达，不料途中竟突然连夜奔逃回江

▶ 德川秀忠死后葬于东京港区的增上寺，朝廷谥封院号为"台德院殿"。（张明义 摄）

户，身边只有二三人随从。秀忠本来预定在宇都宫城小住，宇都宫城主是本多正纯，与其父亲正信先后两代都是家康身边的谋臣。为了迎接贵宾，正纯于事前大规模修筑城堡内部，却陷于欲谋害将军的罪名，众口一词谣传贵宾室天花板设有机关，想在将军就寝后压死将军。

四个月后，将军下令将正纯充发到出羽国（山形、秋田两县），由十五万石大名降至五万五千石。然而正纯却拒绝了，将军一气之下，便将本多家改易。对德川家来说，本多父子两代不但是忠臣，也是功臣，为什么会落得这种冤狱后果？当然内幕有种种理由，不过，主要是家康生前过于重用本多父子，而正纯又比二代将军年长 13 岁而已。对将军来说，"伟大父亲生前的重臣"相当于眼中钉吧。

幕府政治结构

江户幕府的根基是第三代将军德川家光巩固的。政治结构是将军之下有几个"大老",遭遇重大事件时,才会聚集一起商讨解决办法。再来是主要执政者"老中",没有重大事件发生时,大老是在这个阶次的,除了执政,还得监督各个诸侯大名与官吏。辅助老中们的是"若年寄",主要工作是管理将军直属的武将"旗本"与家臣"御家人"。旗本就是在战场上守护将军的近卫,也是守护军旗武将;御家人是文官。"若年寄"底下另外有"目付",主要工作是监督旗本与御家人。

老中底下则是"寺社奉行""勘定奉行""町奉行""大目付"。寺社奉行是管理全国的寺庙与神社;勘定奉行是掌管幕府经济,相当于现今的经济部长;町奉行是庶民衙门,相当于警察局;大目付是监督各地的诸侯大名,警戒有人谋反。地方都市也都有监督诸侯大名的地方奉行与代官。

德川家一族称为"亲藩",三河时代以来的家臣大名称为"谱代",其他大名都是"外样"。为了减弱诸大名的财力,将军时常命令大名们建筑江户城或是名古屋城等,要不就是让他们负责河川堤防等大工事。又怕大名们与当地庶民建立起信赖关系,或是与邻近大名团结,便时常调换大名们的领土。"参勤交代"制度的目的,其实也是想让大名们花钱而已。这种做法,不但拖垮了大名们的财力,也酝酿了日后明治维新的动力。

▶德川幕府家纹·德川葵。

第三代德川家光（1604—1651）

三代将军是幕府成立后第二年出生的，小时候由于口吃，又体弱多病，险些让弟弟夺去将军宝座。家光能登上将军宝座，最大功劳者是奶妈春日局，要不是春日局向家康直陈，家光恐怕会三振出局。20 岁登殿时，家光便宣言"朕天生是将军命"。29 岁于父亲葬礼席上，家光向诸大名挑衅："如果有人想当将军，不必客气，请报名。"众人皆猜不出家光意向，不敢吭声，结果是仙台藩主伊达政宗先开口回道："万一有人对天下怀有异心，在下会带头征伐。"连经历过战国乱世的独眼龙伊达政宗都俯首帖耳了，可见此时幕府的势力已牢不可拔。

与幕府成反比的是天皇家，天皇家的"禁里御料"（生活费）仅有二万石，而太上皇也是在家光这一代才从七千石增至一万石。公家最高阶级的只有二千八百石，半数以上的公家收

▷ 三代将军家光为江户太平盛世奠下基石。

入均只有二三百石而已。当时一石大致是一两，而一两是现代十二万日元左右，二百石便是二千四百万日元。以现代人眼光来看，年薪二三千万算是富裕人家。不过，当时的俸禄并非实际可以领二三百石白米，通常是公四民六，俸禄三百石的话，实际收入仅有一百二十石，相当于现代的一千五百万日元。再说公家是朝廷贵族，光是住居排场就不是现代人的几房几厅可以比较的，何况贵族有贵族的交际方式，因此公家的生活极为拮据。大多数公家不是尽量让女儿嫁给大名以赚取聘金，便是靠家传技艺成为花道、和歌、书法等宗家，利用教学学费补贴家用。

第四代德川家纲（1641—1680）

家纲是 11 岁便就任将军职位，因而实际执政的是幕府高官组织。家纲 16 岁那年，江户发生了"明历大火"。这场俗称"振袖大火"的火灾，烧掉五百多家大名诸侯宅邸、七百多家旗本宅邸、无数组合（武士组织）宅邸、三百多座寺庙、四百多个市镇，死亡人数高达十万人以上。当时江户人口大约有八十万，因而有八分之一的人死在这场大火中。延烧面积是二千五百七十四公顷。

烧到江户城时，家纲正卧病在床，好不容易才逃到二之丸（外郭）。后宫更是乱乱腾腾，女官们还能临危不乱，婢妾可就茫无头绪了，在一万坪大的城内东奔西窜。这时，留在本丸（内城）指挥的老中（辅助将军执政的最高官职）是松平信纲。这位有"智囊伊豆"之称的大臣，急中生智，下令将城内的榻榻米一叠一叠翻转过来，从后宫一直翻到西郭，成为一条避难

▶ 纪州德川家流传的《明历大火图》（局部），描绘消防队的救火行动，把未延烧的房舍破坏，辟出空间以阻绝大火继续延烧。

指标路线，这才令女人家安稳下来。大火扑灭后，松平信纲更独断让驻留在江户的诸国大名暂时回乡，之后再悉心竭力重建江户。

第五代德川纲吉（1646—1709）

纲吉是家纲的弟弟，三代将军家光的四男，在35岁时就任。家光有四个儿子，都是偏房生的。次男和三男均早夭，长男又没有后代，便轮到纲吉当上将军。五代将军在历史上非常有名，上任初期，英明果断地处分了大量贪污行政官员，且大刀阔斧地改革了陋习，纠正了不正之风，凡是在行政上有问题的大名全都改易抄家，成为日后历代将军的善政范本。可是，纲吉唯一的子嗣过世后，仅有的女儿又于28岁那年病逝。之后，众多偏房一直没人怀孕，于是，五代将军便听信生母的意见，发下"生物怜爱令"，最初只是禁止舍弃病牛病马，不准虐待猫狗而已。没想到往后二十二年之间，法令内容越来越不像话，最后竟然连苍蝇、蚊子也列入禁止杀生的对象。肇祸者其

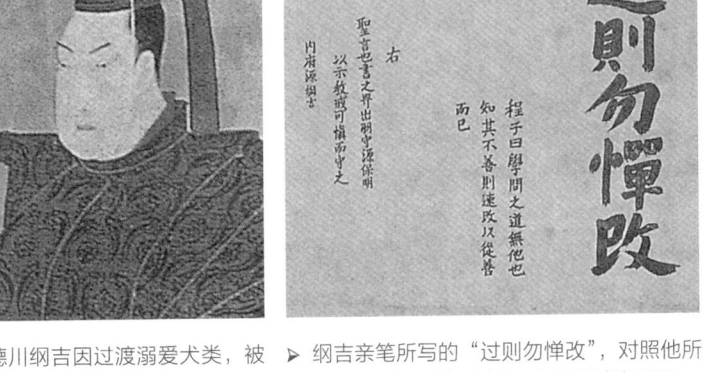

▷ 德川纲吉因过渡溺爱犬类,被戏称"犬公方"。
▷ 纲吉亲笔所写的"过则勿惮改",对照他所实施的"生物怜爱令",实在是过犹不及。

实是将军那无知又迷信的生母,而将军却又极为孝顺,才会自善政演变为恶政。唯一敢向将军直言正谏的是"御三家"之一的水户黄门,也是将军的叔父,然而,水户黄门也因此而引咎隐居。

晚年,纲吉在四谷、大久保、中野三处设置了"御犬饲育场",据说,光是中野饲育场便有十六万坪大,每年的狗伙食费高达三万六千两。五代将军在位期间发生了不少事件,八百屋阿七纵火事件、富士山喷火、高田马场决斗事件等,不过,流芳后世且持续挑动日本人的浪漫情怀事件,应该非"忠臣藏"莫属吧,只是,这又是另一个故事了。

第六代德川家宣(1662—1712)

六代将军是家光三男的长男,五代将军的侄子。虽然叔父留下"生物怜爱令必须持续百年"的遗嘱,不过家宣一上任便废弃了这些禁令,不但释放了所有因违禁而入狱的无辜庶民与武士,更让所有鱼贩、鳗鱼贩、寿司贩等所谓"杀生行业"全部复业。家宣在位时间仅四年。

第七代德川家继(1709—1716)

家继是家宣的三男,由于两位长兄先后早夭,4岁便当上了将军,7岁病殁。娃娃将军在位期间发生轰动全国的"绘岛·生岛丑闻"。事情发生于一七一四年一月十二日。这天,"大奥"(后宫)最高位女官绘岛带领一百多个随从前往增上寺(东京港区芝),代将军生母月光院为六代将军举行法会。

男人止步的后宫大致有一千个女人,月光院虽是家宣的

▶ 净土宗大本山的增上寺,境内有奉厝秀忠、家宣、家继、家重、家庆、家茂等六位将军陵墓的德川家灵庙。(张明义 摄)

偏房，却因为是将军生母，因而是大奥掌权人，而月光院的贴身女官正是绘岛。大奥最高位女官权力非常大，可以与将军身边的大臣媲美。绘岛此时的俸禄是六百石，掌管一千人的女官与婢女。职位高的女官，通常是终生任职，不能辞职也不能结婚，下级婢女则可以自由辞职。对33岁的绘岛来说，代女主人到城外办事是"呼吸自由空气"的宝贵时间。法事结束后，有商人招待绘岛到剧场观看歌舞伎剧。当时最有人气的演员正是生岛新五郎。贵宾光临，剧团团长与演员当然不敢怠慢，轮番过来敬酒陪客，令绘岛度过了一个轻松又愉快的下午。

后宫城门的关门时间是6点，戏剧未完，绘岛便离开了剧场。一行人回到后宫城门时，发现城门紧闭，随从向守门人告知绘岛身份后，守门人依然不肯开门。这是前所未有的事，绘岛内心暗叫不妙，却无可奈何，事情便这样闹开了。

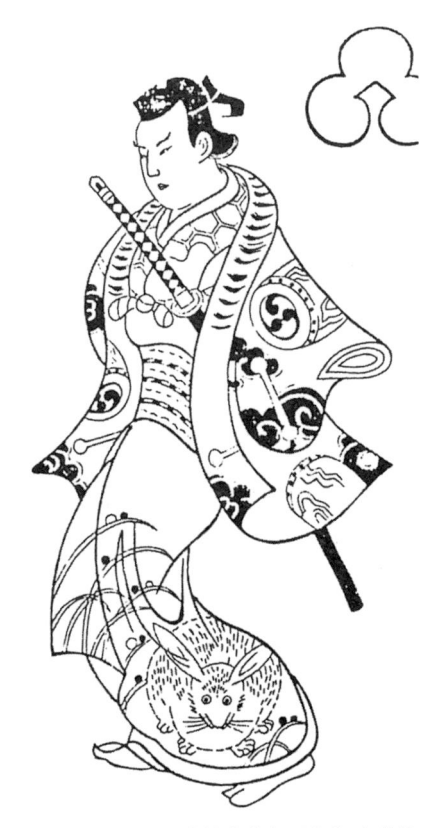

▶ 初代岛居清信所绘的生岛新五郎舞台英姿（《风流四方屏风》元禄十三年刊行），事件发生后，生岛被流放三宅岛终其余生。

三月，幕府主要执政者所下的处决者竟多达一千五百人，凡是与绘岛有关的都沦为罪人，连后宫的御用商家、医师、绘岛的浮世绘画家等都被流放孤岛，剧团有关人员当然也不例外。而绘岛的罪名是"与生岛私通以及接受商人贿赂"，她因此被流放到长野县山村，禁足终生。可怜的绘岛，到 61 岁过世之前，一直过着寂寞又孤独的囚禁生活。

这宗事件其实是六代将军正房天英院与德川家历代重臣连手所设下的冤狱。天英院是朝廷关白（天皇身边的大臣）的女儿，祖母是一百〇八代天皇的女儿，是历代将军夫人中血统最贵显的夫人。而月光院本来只是区区一庶民医生的女儿，在家宣五位妻妾中，算是出身最低贱的一个，只因为生了儿子，那儿子又继承了将军地位，才能掌握大奥主权。天英院会视月光院为不共戴天的仇敌，也是情有可原，只是，天英院再如何仇视月光院，也无法直接设计陷害月光院，毕竟她是现任将军的生母。于是，绘岛成了牺牲者。而光是指控绘岛玩忽职守的话，罪名并不大，所以才会牵扯出贿赂问题。由于绘岛事件，天英院再度大权独揽，连八代将军都由天英院指名选出。八代将军上任后，特赦了所有相关人员，唯独绘岛始终无法获得赦免。

第八代德川吉宗（1684—1751）

八代将军是幕府中兴之祖，当选为将军前，似乎黑幕重重，纵使天英院有足够的发言分量，但将军候选人的筛选方式不可能如此简单。按照常理来说，三代将军家光的直系血亲在家继这一代便已断绝，旁系血亲是御三家。而御三家若照排名来看，应该是依次为尾张家（家康九男）、纪州家（家康十男）、水户家（家康十一男）。可是，尾张家藩主于 1713 年突然吐血病逝，享年才 25 岁。三个月后，藩主唯一的 3 岁嫡子也突然病逝，于是，德川尾张家直系血亲也就断绝，理所当然便会为了继任问题而吵得天翻地覆。注意一下，1713 年也正是家继上任后第二年，想必没有人会认为这位娃娃将军可以延年益寿，因此在这一年，继任将军候选人的活动应该已经非常活跃了。

而偏巧不巧，吉宗的长兄纪州家藩主于 1705 年过世，后继者二哥也过世，于是本来是三万石小藩主身份的四男吉宗，便登上了纪州家藩主的位置。日后又因为尾张家面临危机，吉宗才得以坐上将军宝座。如果主要相继人先后过世的事实纯然是偶发事件，那么，吉宗真的可以说是运数极为强劲的男人。

八代将军在历史上也是名垂不朽的，经年反复被拍成电视

▷ 在中国台湾地区也备受观众喜爱的时代剧《暴坊将军》，剧情正是以八代将军为主干的。图为第十一部剧照（2001 年）。

剧和电影的"暴坊将军"（勇悍将军），正是以吉宗为主人翁的。吉宗由于不是长男，自小所接受的教育自然比较宽松，个性大致跟幼年时代的织田信长类似，是个野孩子。历代将军都是钻研四书五经的文弱书生，吉宗却对自然科学很感兴趣，还在江户城庭院中搁置木桶，亲自观察雨量。吉宗每次出门一定随身带着地图，边看地图边移动，而且深爱所有动物，唯一的缺点大概是过于节俭，不过也正因为他的俭素作风，幕府财政才得以改善。

最大的功臣应是吉宗带来的大冈忠相，也就是电视剧的"大冈越前"，江户名判官。这位名判官的人气可以与"水户黄门"并肩，也是"暴坊将军"剧中不可欠缺的人物。不过，电视剧的剧情大部分是后人的创作或拷贝自中国的包公判案轶事，大冈越前真正的功绩是编制了"いろは四十七组"消防队（いろは，iroha，是昔日的假名编排方式，在此作为消防队的编组顺序），更建设了公家医院"小石川养生所"等，他所做的事情都是为老百姓着想，扶倾济弱，无怪乎会人死留名。

第九代德川家重（1711—1761）

明贤将军吉宗有三位儿子（三男未满周岁便过世了），次男文武双全，照理说，应该是将军最佳继任人选，可是，吉宗却让位给了患有言语障碍的长子家重。唯一听得懂将军在说些什么的人，是比家重年长两岁，14岁开始便在家重身边服侍的大冈忠光。换句话说，大冈忠光是将军的口译者，这种不健全的执政方式，当然会引发种种弊害。不过，忠光临死前，大概也担忧自己不在的话，可能会导致混乱，曾苦口婆心劝导将军让位，家重也听从腹心之臣的忠告，于忠光死后第二年便让位了。

这位将军没什么建树，不提也罢。

第十代德川家治（1737—1786）

这位将军非常可怜，12 岁时失去了生母，14 岁时祖父去世，20 岁时满 1 岁的长女病逝，24 岁时父亲过世，26 岁时满 1 岁的次男夭折，34 岁时丧妻，36 岁时满 12 岁的次女病故，42 岁时满 19 岁的长男突然中毒死亡……孤身只影的将军，也于 7 年后驾崩了。

八代将军于生前立下"御三卿"，目的当然是想让自己的直系血亲能连绵继任将军职。御三卿是田安家（吉宗次男）、一桥家（吉宗四男）、清水家（九代将军家重次男），论血统，均是德川家康的曾孙与玄孙。十一代将军正是一桥家的长男。

第十一代德川家齐（1773—1841）

家齐是御三卿一桥家的长男，15 岁便就任将军。这位将军是历代将军中精力最旺盛的一个，妻妾总计四十人，连德川家康（妻妾二十一人）也只能居次。家齐膝下有五十五个孩子，不过，平安成人的仅有二十五个。幕府到了这个时代，财政

▷ 家齐共娶妻四十人，真可谓德川家的"好色"一代男。

已经非常窘迫,没钱养这么多孩子,只得硬逼其他大名收养将军的儿子或迎娶将军的女儿。而其他藩国也都是赤字财政,想必是硬着头皮"高攀"的吧。

　　十一代将军在位期间最有名的事件应该是怪盗"鼠小僧"。这位怪盗名为中村次郎吉,整整十年,闯入九十九家大名宅邸,总计偷窃了三千二百两。根据本人的自供,行窃次数高达一百二十二回,这表示失窃的大名宅邸中有不少是二度、三度连续"失陷"的冤大头。次郎吉在当时是庶民心目中的义贼兼英雄,主要原因是他虽身为大盗贼,却从来没有杀伤过人,而且行窃目标只限深宅大院的大名宅邸。据说,某大名在自宅观

▶ 怪盗鼠小僧之墓,墓石上有"俗名中村次郎吉"的字样。

赏能剧时，鼠小僧神不知鬼不觉地潜入，并在能剧舞台上留下一张"鼠小僧拜见了能剧"的纸条。另一大名则在早上才发觉纸窗上被人用手指戳了无数个洞，而将这些洞连起来，正是一只老鼠形状。

鼠小僧入狱后，每天都会收到堆积如山的礼品。处决那天，根据泷泽马琴的记录，人群从小传马町监狱（现在是十思公园）一直排到京桥，大约两公里长的大道两侧，人山人海，水泄不通。东京墨田区回向院有鼠小僧的坟墓，每年一到大专联考季节，总是会有考生去削墓碑当作护身符，目的是希望能像鼠小僧一样"顺利闯关"。

第十二代德川家庆（1793—1853）

家庆是家齐次男，因长子早夭而当上将军，但家齐退位后依然掌握着实权，因而家庆只是个有名无实的将军。

这一时期开始出现所谓的"渡世人"阶层，说穿了，就是赌徒，也是现代黑道帮派的前身。大部分是遭遇天灾而失去田地的农民，或因品性不好被双亲断绝亲子关系的不孝子。渡世人通常集中在上野国（群马县），这地方主要产业是纺织与养蚕，现金流通比较活跃，而支撑产业的又是女性，男性闲着没事干，只能开赌场。大组织也都集中在上野国，例如手下有七百

▶ 幕府末期侠客清水次郎长，明治维新后率领手下开发静冈县清水港不遗余力，备受世人尊敬。

人的国定忠治，以及手下有三千人的大前田英五郎，都是上野国人。

初期的渡世人与侠客没什么差别，国定忠治在路上碰到正派老百姓时，都会摘下草笠或头巾以表敬意，而且终身不穿袜子，坚持打赤脚穿草鞋，表示"自己非正派人，没资格穿袜子"，相当于自戒行为。同样是上野国大头目的大前田英五郎，在自己的势力范围内也绝对不坐轿子，这也是自认没资格坐轿子的一种戒律。通常地位越高的大头目，在正派老百姓面前会越谦恭，有要事必须到正派人士家商讨时，也绝对不和当方主人平起平坐，一定会毕恭毕敬地坐在走廊。后起之秀的骏河国（静冈县）大头目清水次郎长也是如此。他们能够获得当时的正派老百姓与后世人的青睐，其实也是自有道理的。

第十三代德川家定（1824—1858）

家定在位时间只有五年。他自小便弱不禁风，言谈举止都非常女性化，特别喜爱下厨，尤其擅长做点心，经常做点心宴请家臣。家定先后迎娶了三位夫人，却都无后，相传是性无能。

家定就任第一年，便遭遇"黑船来航"事件，第二年签订了不平等条约《日美亲善条约》，第三年又遭遇死亡人数四千七百人的"安政大地震"，最后一年则是死亡人数高达二万八千人的"霍乱大流行"，这些事件都发生在江户。

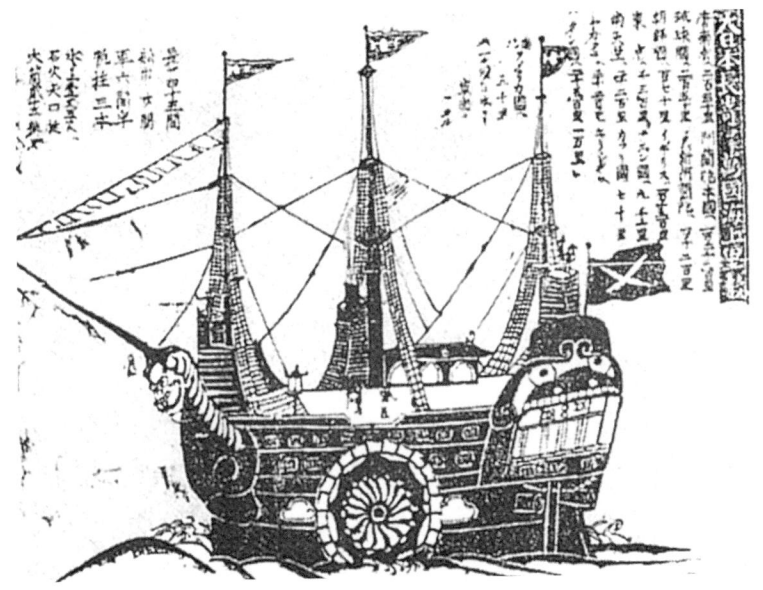

▶ 记录黑船来航相关事迹的瓦版（横滨开港资料馆藏）。

第十四代德川家茂（1846—1866）

家茂是御三家纪州家的儿子，聪明慧颖，如果生于和平时代，他应该是位英明领袖，可惜时代已进入波涌云乱的幕府末期，个人才干再如何卓越，也无法阻止大时代的潮流。

十四代将军在位期间最轰动的事件当然是"池田屋骚动"了。这时的"新选组"已经正式成为京都守护职会津藩主松平容保直属的巡警大队，其主要工作是检举潜伏在京都的尊王攘夷派志士以及维护治安。在池田屋事件之前，新选组的工作是护卫将军两次上京时的身边安全，以及检举一些"不逞浪士"（不守规矩的无所属武士）而已，没什么值得脍炙人口的事迹，以至于被世人讽刺为"会津藩主所豢养的土鸡瓦犬"，中看不中用。

某天，新选组拘捕了一名浪士，并从其口中得知京都市内潜伏了二百五十名讨幕激进派长州藩士（山口县），于是新选组便不舍昼夜加强警巡。之后又捕获一名柴薪火炭商，经过残酷拷问后，才获知讨幕激进派计划在皇宫上风以及中山宫亲王宅邸放火，并绑架天皇到长州。事件当天，新选组又接到紧急通报，得知本来在火炭商仓库中查获且封印的武器，被人偷走了一部分。可是，没有人知道志士潜伏在哪里，连遭到拷问的志士也不知道聚集场所。

一八六四年六月五日夜晚，潜伏浪士接到召集号令，八点左右纷纷聚集到三条小桥的小旅馆池田屋，目的不是讨论起义细节，而是想宣告延期决定。新选组一方面向会津藩、京都所司代（负责警卫、政务官职）、京都奉行所（行政单位）请求援军，另一方面则开始独自进行探索活动。近藤勇局长率领九名队员负责搜索加茂川（鸭川）西岸，土方岁三副局长率领其他二十三名队员负责搜索东岸。大约十点过后，近藤勇局长一行人来到池田屋。旅馆老板看到来人是全副武装的新选组，狼狈不堪，吓得逃进里屋。近藤勇见状，马上发令："正是这儿！"

池田屋一进玄关便是小小的三合土，上一段是三叠大的接待房，正面里屋是六叠大的厨房，左边是壁橱，右边是通往二楼的木板阶梯。带头冲到二楼的是近藤勇、冲田总司、永仓新八、藤堂平助四人。狭窄阶梯上面是十四叠左右的房间，里面聚集了二十多名志士。二楼天花板很低，众剑客皆无法将剑高举过头，只能以击刺、横斩为主。过一阵子，土方岁三副局长也赶来应战，殊死战斗持续了两小时，志士方面死亡人数总计十六名，遭逮捕的有二十多名。新选组方面死亡人数是二名，

▷ 京都壬生寺境内供奉的新选组组长近藤勇塑像（张明义 摄）。

一名受重伤。患有肺结核的冲田总司因房间内太热，曾一度昏倒。

由于"池田屋骚动"，讨幕激进派失去了多数主导人物，后世的历史家指称，正因为此事件而使明治维新延后了一年。问题是，二十多名激进派志士，怎么会败给不到十名的新选组剑客？可能是事出不测，又可能是经历过多次淘汰的新选组成员，大部分都是天然理心流剑术高手吧。

第十五代德川庆喜（1837—1913）

庆喜是御三家水户藩主的七男，也是一桥家养子，在位仅一年便宣布"大政奉还"，维持了265年之久的德川幕府终于就

▷ 庆喜于 1864 至 1866 年担任禁里守卫总督时所拍摄的肖像，随后他便出任最后一任幕府将军。

此闭幕。

庆喜于一八六七年十月十四日将政权奉还给朝廷，一个月后的十一月十五日夜晚，拟订大政奉还草案并编制出新政府组织的坂本龙马，竟然遭受暗杀。为什么？又，暗杀计划幕后主导人物到底是谁？

根据现场所遗留的物证，凶手似乎是新选组，不过，现在已证明新选组的可能性小之又小，再说，新选组表面上虽是巡警大队，其实也是暗杀剑客集团，绝对不会留下什么乌龙证据。总之，不管是谁直接下的手，其幕后一定有人在牵线，遗憾的是，一百多年后的今日，谜团仍是无法解开。

当时的政治势力，简单说来，可以分为武力"讨幕"派与无血"倒幕"派，前者的代表是萨摩藩（鹿儿岛）的大久保利通与公卿岩仓具视、长州藩，后者的代表是坂本龙马与土佐藩

（高知县），德川庆喜也是后者。再来注意一下日期，十月十三日与十四日，正好是萨摩藩与长州藩分别接受了讨幕密诏书的日期，双方正准备挥军进击，没想到庆喜于十四日便宣告大政奉还，等于是碰了一个钉子。如果情势按照大政奉还路线走下去，便可以避免所有内战，以破竹之势树立新政权，然而，这样一来，新政权的主权便会落到庆喜和土佐藩手上。而坂本龙马又是新时代的导航者……

总之，坂本龙马便是在这样的政治斗争下惨遭毒手的。而动乱时期，通常阴谋诡计满天飞，所有证据也会不知去向，到底谁才是真正的凶手，也就不得而知了。于是后人便将"坂本龙马暗杀事件"并列为日本史三大谜团之一（另外两个谜是织田信长的"本能寺之变"与卑弥乎的"邪马台国"）。

第二节　参勤交代

三代将军于 1635 年制定了"参勤交代"法令后，每年四至六月，全国各地的大名都要轮流上京赴任，而诸大名的第一夫人则终年定居江户，算是一种变相人质。轮番方式是京都、大阪以东的东国大名在江户住了一年后，第二年可以归国，取而代之的是京都、大阪以西的西国大名上京赴任。关东地区的大名因距离近，赴任期间是半年；边陲地区如对马是三年一次，东北地区则是六年一次。其实在这之前诸藩大名已经有此习惯，但上京日程各行其是，三代将军只是统合为一体而已。

全国有二百六十多家大名，去掉常驻江户与关东地区、边陲地区的，其中大约有一百七十多家大名，每隔一年都要来一趟风尘仆仆的徒步旅游。这一百七十多家大名，规模千差万别，

▷ 轮驻江户的大名，每逢节期循例登城拜谒将军。俸禄高的大名可单独拜谒，官位从五位下的一般大名只能在大广间一同拜谒。

有俸禄一万石的小藩，也有俸禄高达百万石的大藩。虽说当时的藩主类似现代的县长，幕府则是中央政府，但由于是地方自治制度，每个藩主皆是一国之主，旅游形式也就跟一般庶民迥然不同。

现今所谓"大名旅行"，是指豪华、奢侈的旅游方式，或暗喻某些官员的考察团旅游；而"大名行列"的现代典型例子，正是某些日本大医院主任级医师每周两次回诊病房时，除了身边有各病患主治医师在一旁说明以外，后面还跟随着一大群见习医师的行列。这两个词都不是死语，仍鲜活地驰骋于现代日语中。

既然是一国之主的公开旅游"秀"，也可以说是示威游行，彼此免不了会竞争长短，甚至为了摆场面，打肿脸也要硬充胖子。于是，除了一般旅游用具外，其他还有寝具、洗澡桶、便盆、餐具、泡菜桶、围棋、象棋、猫、狗、小鸟……林林总总，应有尽有。加贺百万石前田家连洗澡水都从金泽一路运到江户。途中又为了怕遭人毒害，米、味噌、酱油之类的副食品也一应俱全，每餐都由专属厨师亲自烹煮。不过这些都只是行囊队，没什么看头，真正可以出风头的是骑兵队、步卒队、长矛队、火绳枪队等。其中尤以长矛队最出风头，不但队员个个高头大马，相貌堂堂，身上的衣服都经过精心设计，舞起长矛来更是威风凛凛。看热闹的民众只要一看长矛形状和制服，便能辨认出是哪一家大名的行列。不过这种"排场秀"，通常只在路过村落或抵达住宿处时，才会重整队伍秀给民众看，没观众时也就管不了那么多了。

幕府为了限制各大名的随从人数，于1721年发布了随从

▶《加贺藩大名行列屏风图》（局部），有铁炮队枪队弓队等排场，最有派头。

人数基准法，但并非强制性的，只是个指针而已。因此，各大名到底每次都带了多少随从，无从得知，只知道势力最大的加贺藩前田家，最高纪录多达四千人，幕府末期最低纪录是二百二十三人。幕府的法定随从人数如下：

一万石藩国：骑兵队三至四骑，步卒队二十人，壮工三十人。

五万石藩国：骑兵队七骑，步卒队六十人，壮工一百人。

十万石藩国：骑兵队十骑，步卒队八十人，壮工一百四十至一百五十人。

二十万石藩国：骑兵队十五至二十骑，步卒队一百二十至一百三十人，壮工二百五十至三百人。

现代团体旅游通常有多少人？四五十人就应该够导游每天猛吞胃药了吧？如果是千人以上……实在不敢想象。况且当时没有飞机也没有电车，更没有直接送旅客到目的地的巴士，无论多远，全程徒步。例如，御三家之一的纪伊德川家，从和歌山出发，经过大阪、京都，顺着中山道来到名古屋，再沿着东海道进入江户,全程距离大约六百三十公里,总计花了十七夜十八天,每天平均距离是三十五公里。途中应该还要跋山涉水,因而遇到平坦道路时,大概一天要走五十公里路。纪伊德川家是御三家之一,当然要充排场,根据记录,每次旅游经费大约一万五千两左右。江户庶民收入最安定的是木匠,木匠一年收入是二十五两,也就是说,一个木匠要花六百年才能赚到一万五千两。

那么小藩呢?随从人数不多,应该花不了多少吧?其实小藩更苦。举个例来说,大和国(奈良县)柳本藩一万石的织田家,藩主是织田信长胞弟有乐斋的五男,一次旅游费用是三百三十两,与纪伊德川家比较之下,可以说是小巫见大巫,但这个数字是大和国国家预算的七分之一,可见小藩也是满肚

▶ 九州的大名通常都先走海路到大阪再换陆路至江户。此图描绘熊本细川家参勤交代的船团,从丰后的鹤崎经由濑户内海航行到大阪。

子说不出来的苦。旅游途中必须通过其他藩领土，到时候又免不了送些土产什么的，到了江户不但要谒见将军、老中，更得向"左邻右舍"（应该包括全江户的大名宅邸）打躬作揖，而这些见面礼、过路礼又不能一次在机场全部购齐，导游的辛劳之处应该可想而知。万一旅途中发生什么差错，可不是几张旅游抵用券便可以了事的，恐怕要引咎切腹吧。

旅途中大名投宿的地方是"本阵"，顾名思义，正是"大将阵地"。本阵不是商业旅馆，而是当地有财有势的乡豪住居。大名抵达本阵后，主人会进献当地特产，大名的专属厨师再利用这些特产烹调出晚餐。因此，本阵主人不用准备膳食，当然也不收住宿费，不过大名通常会给本阵主人赏赐。反正本阵主人原本就有钱又有势，不在乎住宿费，他们的回馈是名誉与地位，可以冠姓与佩刀。当时除了贵族、武士阶级或名士才有姓氏，一般庶民只有小名，准许地方乡豪冠姓与佩刀等同抬高他们的身份。至于大名与高级官员以下的随从，则被分散到四周的旅馆，随从太多的行列，还必须借宿普通人家，这些都要付费，事前更要预约。

江户末期，各大名均陷于入不敷出的困境，想充胖子，脸上也没肉可打了，只好一切从简。必要用具都在旅途中随时租借，连随从也都是临时雇工。有些小藩大名甚至连主带仆仅四五人，连夜赶路，风餐露宿，然后在进入江户前再雇用临时壮工排成行列，"有声有色"地"入场"。仙台伊达家第七代藩主有一次归乡时，刚出江户便将盘缠用光了，于是决定每晚都在野外露营，又为了自给自足，下令放枪野猎。幕府听到这个

▶ 大名行列进入江户，要风风光光地入场，前头由舞者装饰毛枪的领头。《旧诸侯江户入行列之图》(1889)。

消息，只得派人送旅费过来。

现代电视剧每逢碰到"大名行列"镜头时，都会让民众跪坐在路边，其实没那么严重，除了将军与御三家以外，其他大名行列路过村落时，农民只需摘下斗笠表示敬意便可以了。此外，大名行列行进时，基本上庶民不能横穿队伍，否则会丧命。不过只有一种特殊职业的人是例外，那正是接生婆。看样子，不论哪个时代，新生儿的地位都胜过一切。

参勤交代的功效非常大，连幕府也始料不及，首先是文化交流，其次是交通网、旅馆业日渐发达，最重要的是间接促进了庶民的旅游热潮。现代日本高级旅馆不论是接待方式或环境设计，都颇受外国人好评，说老实话，这应该也不是一朝一夕便能上路的吧。

第六章 侠义・怪谈

第一节　忠臣藏
——赤穗四十七浪士

> 春风吹，樱瓣飞
> 离情依依眷眷心
> 吾亦惜，吾亦恋
> 此情此意谁与诉
> ——浅野长矩·34岁·辞世诗

序幕

元禄十四年（1701）阴历三月十四日上午，天空微阴无雨，徐徐和风吹拂脸上，令人昏昏欲睡。

这天是幕府接待天皇敕使的最后一天，所有驻江户大名都要进城参加典礼。每位大名于进城时，身边均有跟班的队伍行列，有负责在队伍前头耍枪的枪队，也有掌管长柄伞的侍卫，其他还有抬轿子的、身上服装一模一样的护卫队等。大名行列分别从自家宅邸出发，浩浩荡荡一路来到江户城。进入江户城正门大手门后，大名行列必须在下马桥前止步，所有大名均要在此下轿，只带几名贴身随从徒步过桥再跨进三御门。三御门内有甲贺忍者百人组在守卫。

从大手门至下马桥，数千名身穿礼服的武士，或聊天，或照顾马匹，看似悠闲自得，实则秩序井然地在等待主君出城。

10点过后，下马桥附近的武士团突然扬起一阵骚动。就像有人在一池静水中抛入一块石子，掀起一阵涟漪般，骚动一波又一波往大手门这边袭来。

"什么事？"

"发生什么事？"

"城内发生刃伤事件！城内松之廊发生刃伤事件！"

"什么？哪个藩？是哪位大人？"

"松之廊发生刃伤事件！播磨赤穗藩浅野内匠头拔刀砍伤高家吉良上野介！播磨赤穗藩……砍伤……高家吉良上野介……"

"……"

▶ 进入大手门后，大名皆得下轿，徒步走入江户城。

骚动越来越激烈，数千名武士喧喧嚷嚷，人喊马嘶，涟漪化为翻天覆地的海啸。

一

江户时代，每逢年初，幕府会派"高家"到京都向天皇与上皇拜年，日后，天皇与上皇再派敕使、院使前往江户城答礼。高家身份虽是旗本，官位却与大名相等，专门负责幕府内的仪典、接待敕使公卿、代将军参拜神社寺庙等，是世袭官职，总计二十六家，平均俸禄一千五百石。元禄十四年是五代将军纲吉治世的时代，这时的高家首席是吉良上野介义央（"上野介"是官职，上野国是群马县，"介"是副县长，"守"是县长），俸禄二千石。

吉良上野介于一月十一日代表将军出发到京都，二十八日进宫晋谒天皇。对这位 61 岁的老人家来说，江户到京都的来回旅程大概相当疲惫，吉良于二月二十九日才返回江户。而二月四日，幕府便已经决定了接待人员。依照惯例，负责接待工作的是规模三万石至十万石之间的旁系大名。这一年的敕使接待大名是播磨赤穗藩（兵库县赤穗市）藩主浅野内匠头长矩（"内匠头"是官职，掌管器物、工匠、殿舍装饰），院使接待大名是伊予吉田藩（爱媛县北宇和郡）藩主伊达左京亮宗春（"左京亮"是官职，掌管京都行政，分左、右两部

▶ 吉良上野介义央木雕像，爱知县幡豆郡华藏寺藏。华藏寺是高家吉良氏的菩提寺。

署,"亮"是副部长,"大夫"是部长)。仪式指导者是吉良上野介。

接待仪式非常繁琐,所有费用又都是大名自己负担,因此虽是项光荣任务,却也是吃力不讨好的工作。三十四岁的浅野内匠头于十七岁时经历过一次敕使接待任务,但仪式细节每年都有变化,指导者吉良上野介又迟迟不归,只能凭记忆或请教有经验的大名,如临深渊地自行准备。待吉良上野介回到江户时,离敕使抵达江户的时日仅剩十天。

三月十一日,敕使与院使一行人抵达江户。接待场所是建筑面积三百九十坪的"传奏公馆"(现千代田区丸之内一丁目)。接待大名的家臣必须到品川高轮迎接贵宾,一路护送贵宾至传奏公馆,大名也要亲自出面待客。

第一天的接待,一切安然无事。

十二日,敕使与院使进城拜见将军,传达天皇与上皇的圣旨,并献上朝廷的礼品。其后再到增上寺参拜。十三日,将军在江户城内举办能乐、餐宴,犒劳敕使。这两天也风恬浪静。

十四日,按照预定行程,敕使将接受将军的答礼与餐会。只要度过这一天,正式仪式就算告一段落了,接下来是十天左右的观光款待而已。

最后一天的仪式不但盛大且郑重,所有大名都头戴礼帽、身穿礼服进城。仪式预计在 10 点开始。

9 点半左右,后宫行政官梶川

▶ 浅野内匠头长矩肖像,兵库县赤穗市花岳寺藏。花岳寺是赤穗藩浅野氏的菩提寺。

为了向吉良确认敕使回公馆的时刻,来到松之廊。因为将军夫人命梶川于今天送礼过去,他必须再度确认正确时刻。松之廊是全长约五十米的 L 字形走廊,环绕着中庭,联结将军正式接见宾客的"大广间"与仪式举行场所"白书院",南侧宽约三米半,西侧宽约四米半,天花板高度是三米,走廊上铺着榻榻米。走廊的纸门上画着松树海景,因而被称为"松之廊"。

梶川来到转角处,从此处可以望见接待大名坐在右侧大广间纸门旁,北侧白书院则聚集了众多高家与随从。梶川吩咐城内杂役小和尚去请吉良过来,凑巧吉良不在白书院,于是便叫小和尚请浅野内匠头过来。浅野长矩马上过来了,确认敕使回公馆的时刻后,再交谈了几句,浅野又回到大广间。这时,吉良也回来了,大概看到梶川和浅野内匠头交谈的模样,放声说道:

"你们在商讨什么?有什么问题最好直接问我,现代年轻人什么都不懂,实在伤脑筋,也不知道出了多少洋相了……"

梶川和吉良在距离松之廊转角处约十米的地方,才交谈了几句,便听见吉良身后传来一句嘶吼:

"你还记得我这些日子以来的不满吗?!"

吉良大吃一惊,回过头来,还没弄清楚状况,额头上已挨了一刀。慌乱之余,转身想逃到梶川背后,不料背部又中了一刀。

梶川见手执护身刀抓狂的人是浅野内匠头,赶忙紧紧抱住内匠头,喝道:

"浅野大人,此处是殿内,你疯了?!"

"放手!念在武士之情,请放手!"

然而,其他高家与随从已察觉骚动,纷纷赶过来。事件就这样闭幕了,前后不过十分钟。

根据梶川记载的日记《梶川氏笔记》,浅野内匠头被擒后,依然面无人色地大声呼叫:"我对上野介一直怀恨在心,明知是殿内,明知我的行为大逆不道,但还是忍无可忍,这口气非吐不可!"

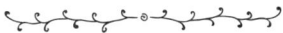

松之廊事件发生时,五代将军纲吉为了接见敕使,刚好在净身沐浴。几位内阁官员"老中"没人敢向将军报告,最后决

▶《假名手本忠臣藏·三段目》,浅野长矩在松之廊持刀砍伤吉良义央。

定由将军心腹柳泽吉保去请示。待将军沐浴完毕，换穿了礼服后，柳泽才简短报告了事件的来龙去脉。

纲吉勃然大怒，马上下令将仪式场所转移至"黑书院"，并命其他大名接替浅野内匠头的职务。这期间，浅野暂时被移送至田村右京大夫宅邸内软禁。仪式只延迟了片刻，一切还是依计行事。就在将军进行仪式的同时，三位监察官也各自扼要审问了事件相关人士。

"上野介没有拔刀，是内匠头单方抓狂砍杀过来。"这是唯一的目击者梶川的主要证言。

"敝人活到这个年纪，从未得罪过任何人，内匠头为什么会那样做，敝人实在无法理解。应该是一时神经错乱吧，因而敝人才没拔刀应战。"这是吉良义央的证言。

"在下无可申辩，更无意与殿下作对，这完全出于私怨，在下甘受任何惩罚。唯独一件事令人悬念，上野介的伤口到底如何呢？似乎只是轻伤……"这是浅野长矩的证言。

如果监察官在此时据实回答，或许事件的流程会整个改观，但监察官深知除非万不得已，否则身为一国之主的浅野绝对不会做出这种蠢事。于是，基于武士之情，回道：

"的确不是重伤，不过，吉良上野介年纪也大了，伤口又是头部，恐怕很难讲……"

内匠头听毕，开心地笑笑，松了一口气：

"既然如此，在下便没话可说了。一切悉听尊便。"

然而，事实又是如何呢？吉良不过在额头缝了六针，背部缝了三针而已。内匠头若是知道事实，是不是会痛心疾首地坦白道出他的私怨？要不，至少也会留下令人心服的辩解吧。确认过仇敌的伤势后,浅野长矩宛如剔出长久鲠在喉头的鱼刺,三缄其口不再作任何辩解。

下午2点左右,田村家派来的轿子抵达。浅野内匠头坐进去后,轿子不但上了锁,外层还套上网,而且是从平川门旁的"不净门"出城,跟随轿子的武士多达百名,全然是罪犯待遇。不净门是后宫婢女的出入口,也是城内罪犯与尸体的出口,幕府治世二百六十五年之间,只有浅野长矩和"绘岛·生岛丑闻"事件中后宫首席女官绘岛两人自这道门出城。

下午4点左右,将军召集内阁官员商讨浅野的处分。纲吉一开口便下令要浅野切腹,但每位官员都委婉劝说先进行审讯再宣判罪名。将军怫然不悦地离座。不久,将军私下召唤当月值班行政的官员,再度下令。如此一来,便没有任何官员敢再开口劝谏了。五代将军德川纲吉上任初期,是位明君,却也因为太能干,反倒造成君命不可违的专政结果。

在田村宅邸待命的浅野,大概做梦也想不到将军竟会如此迅速地下达判决。依照纲吉平日的办事方式,每逢内阁官员请他在死刑判决书上盖章时,总是要拖个四五天才肯盖章。换句话说,五代将军并非草菅人命的君主。那么,浅野长矩内心是否怀抱着将军会亲自审判这宗事件的期待,因而才缄口如瓶?

内匠头在软禁房间内,曾经要求酒与烟草,却都遭受拒绝,只允

▷ 五代将军德川纲吉的心腹重臣柳泽吉保。

许喝茶。连写封信给家臣安排后事的自由也被剥夺,最后只留下简短的口信:

"有关此事,本应于事前便让大家知道原委,今天的行为实系情非得已。想必大家一定不知就里。"

5点左右,监察官一行人来到田村宅邸。田村本来已准备好切腹房间,正使庄田下总守却以上命为由,将切腹场所移转至院子樱花树下。副使多门与大久保三番两次发出抗议,却都被正使推拒了。虽说樱花树下的切腹场所铺着两张榻榻米,榻榻米上又铺着毛毡,三方与上空都围着帷幕,但对一位规模五万三千五百石、官位从五品下的大名来说,的确过于简陋了。其后,浅野嫡系发出正式抗议,十九日,庄田便被罢职了。庄田是"浅野事件"的首位牺牲者。

这时代的切腹方式与战国时代不同,只是做个样子而已。当切腹者俯身取面前的短刀或代用品扇子时,负责斩首的"介

▷ 浅野内匠头来不及留下遗书交代后事,就被迫切腹自尽。

错人"也会同时挥下长刀。一国之主浅野长矩便如此与世长辞了，留下一个偌大问号给家臣与后人。

同样是5点左右，两名浅野内匠头的贴身侍卫也搭上快轿自江户出发。江户至赤穗大约六百二十公里，一般旅人通常要花十六七天才能抵达，但快轿是昼夜不停奔跑的，由四个轿夫抬轿，每抵达一个驿站，便立即换轿夫，继续赶路，因而坐在轿子里的人比抬轿子的轿夫还要疲累，可以说是卖命的工作。当天夜晚，在得知主君已切腹后，赤穗藩江户宅邸又派出两顶快轿，沿着东海道夜以继日地一路往西直奔赤穗……

二

赤穗藩的地理环境是三面背山、一面向海，盛产天然海盐，和外界有接触的仅是盐商，可以说是极为闭锁的地方城市。表面生产量是五万三千五百石，但盐田税收加上郊外地区的特产，实质生产量大约有七万石。

浅野嫡系是丰臣秀吉五大奉行（行政官）之一浅野长政的后代，是广岛四十二万六千石的大大名。五十万石以上的大大名只有七家，因此广岛浅野家算是势力非常大的大名。赤穗浅野家的始祖是长政的三男，也正是长矩的曾祖父。而转封到赤穗筑城的是长矩的祖父长直。第一代城主长直是贤能英明的君主，第二代城主早夭，第三代长矩在九岁时便登上城主地位。直至长矩切腹而死这一年，三代总计延续了五十七年。

阴历三月十九日，阳历4月26日，赤穗周围的群山，野樱花瓣漫天飞舞，树梢挂满了新绿。

早朝6点左右，两顶快轿呼三喝四、步履如飞地冲进赤穗

「江户日本」

▶ 播州赤穗盛产海盐,利用潮水落差,设有大规模的盐田。

城内。额头上缠着白色头巾的快轿使者，连跌带爬地来到家老（家臣之长）宅邸时，已奄奄一息。

赤穗藩家老是 43 岁的大石内藏助良雄，接过使者的快递信一看，茫然自失，久不能言。信件内容很简单，只告知长矩在城内砍伤了高家上野介，目前还平安无事，希望众家臣切勿恐慌。署名是内匠头的弟弟浅野大学，收件人是内藏助与另一位家老大野九郎兵卫。信中还吩咐要尽快处理藩币。藩币是各藩国发行的纸币，只限于藩内流通。

大石沉思了一阵子，既然信中提到藩币，那事情应该比想

▷ 大石良雄铜像，立于泉岳寺入口处。（茂吕美耶 摄）

象中的更为严重。于是下令击打大鼓,通知所有家臣紧急进城。

赤穗藩藩士(将校级家臣)约有三百名,加上下级武士、杂役等,总计千名以上。依照幕府规定,五万石大名只能拥有七十名至百名将校军备,但赤穗藩自第一代城主以来便这么多了,幕府也就只能视而不见。因此即便实质生产量有七万石,其实内部经济非常拮据,税率是六公四民,比起其他藩的四公六民,藩民的生活也手紧一点。浅野长矩在江户万事都省吃俭用,原因就在这里。这也是"浅野事件"的远因之一。

三百名家臣聚集在城内大厅,听完大石内藏助的报告后,无一不愣在原地。过一会儿,众人才回过神来,七嘴八舌地刨根问底。可是,大石也不知详情,无以作答。会议解散后,内藏助立即命人调查藩币发行量与库银。

调查结果,藩币发行量是一万五千两(约十八亿日元),但库银仅有一万二千两。大石和大野商讨过后,决定将藩币与现金的兑换率订为六成,这在江户时代藩币处理史上是最高的兑换率。一般通常是四成,不然顶多五成而已。并且于第二天立即进行藩币兑现账务。这项果断政策不但避免了可能发生的骚动,也展现出大石至今为止深藏不露的魄力。

夜晚9点左右,第二班快轿抵达了。这回的使者带来三封信,其中一封是田村家的副本,内容是请赤穗藩江户宅邸家臣来领取藩主尸体的通知。这封副本决定了赤穗藩的命运。藩主既已遭受处决,表示赤穗藩将难逃领地没收、改易抄家的末路。

翌日早朝,大石再度召集了所有藩士,报告了实情。大厅乱成一团。

"上野介的下落如何?有没有受到惩罚?伤口有多深?"

"若是要没收领地,二话不说,咱们就据守在城内,死守城池!"

有人义愤填膺,有人垂头丧气,望着众人各式各样的反应,身为首席家臣的大石只能默无一言。自从德川家康创设幕府以来,已将近百年。在这种太平时代中,对武士来说,藩主遭受改易抄家相当于死路一条,既无法到其他藩就业,也无法改行转业。

接连几天,大石与大野都埋头在整理财务问题中。这期间,自江户送来的快递信接二连三抵达。江户浅野家三处宅邸全部遭到没收的处置,赤穗城也必须转交给别人,长矩的弟弟浅野大学被禁闭家中,内匠头夫人阿久利以及夫人娘家亲戚均受到连累。最重要的消息是上野介竟然还活着,而且没有受到任何惩罚。这和幕府向来的"斗殴之辈,无论是非,共为死罪"政策不是背道而驰吗?

三月二十七、二十八、二十九日,连续三天,众家臣聚集在城内大厅开会,大部分人的意见是"在城池接收人面前切腹抗议"。家老之一大野九郎猛烈反对,坚持乖乖奉还领地。大野是经济官僚,才干非凡,赤穗藩的经济都靠他在支撑,但并非代代都是浅野家的家臣,算是中途采用的干部,也因此他的意见可以说是最冷静,也最贴近现实的。内匠头在世时,极为重用大野,对大石反而远而避之。

总之,最终结论是:向幕府恳求惩罚吉良上野介与重建浅野家,要是难偿所愿,全体在城内切腹以身殉道。

二十九日当天中午,请愿使者便出发了,四月四日深夜抵达江户。但负责接收城池的监察官已于两天前动身到赤穗,使

▷ 忠臣藏赤穗事件因为情节引人，在各种表演媒体一再搬演，图为东映映画1956年一演"赤穗浪士"的电影海报。

者只好向浅野家江户家老求救。请愿一事便如此曝光了。甚至连浅野大学也怒不可遏，再三下令绝对不可抗拒，务必要无条件开城。使者无精打采地于十一日回到赤穗。

其实幕府方面也很担忧赤穗藩家臣的动静。这个在元禄时代算是非常罕见的尚武藩国中拥有过剩的军备，万一家臣们决定死守城池，免不了会发生流血事件。为了以防万一，幕府下令周遭藩国加强警戒。备前冈山藩（冈山县冈山市）不但派出数十名忍者收集情报，更出动六百名士兵守在国境；赞岐高松藩（香川县高松市）则派出八百艘船在赤穗海面上巡逻。

既然只有开城这一条路可走，大石内藏助该做的善后事务仍多如牛毛。为了藩币问题，库银已空空如也，而广岛的浅野嫡系又不肯支援钱财，只得变卖赤穗浅野家的盔甲武器、枪支弹械，以及十七艘船舶。这是给家臣的退休金。为了分配问题，大石和大野完全对立了。大野坚持要按照俸禄多寡分配退休金，但大石却主张俸禄越少的人，应该多分一点退休金。毕竟，俸禄多的人只要变卖家产，至少可以维持两三年，但俸禄少的人，第二天很可能就会没饭吃。大石的俸禄是一千五百石，在所有家臣中是最高的一位，其次是八百石，大野只有六百五十石。不过，大石最终没有分到任何退休金，他自己辞退了。

十二日，家臣开始三三两两撤离，聚集在大厅商议后事的只剩半数。此时，大石已下定决心，无论如何也要让长矩的弟弟继承浅野家，只要能振兴家门，日后便可以再度召集这些失业武士，免得一家大小流落街头。这天，表示愿意跟随内藏助的人，大约有一百二十余名，大家依次在宣誓书上签名盖血印。轮到年仅16岁的矢头右卫门七时，大石开口道：

"慢着，右卫门七，你父亲已经签名了，你还未成年，不用签名。"

"家老大人，您认为在下派不上用场吗？在下虽年轻，却

▶《矢头右卫门七肖像》，长安义信绘，花岳寺藏。长安义信是后来改封到赤穗的森家的御用画师。

▶《三村次郎肖像》，长安义信绘，花岳寺藏。

也是家臣一员，如果不允许在下签名，在下愿意当场切腹以表心意！"说毕，右卫门七便拔刀出来。

16岁的右卫门七，父亲是俸禄二十石五人扶持（一人扶持是一天五合糙米）的会计，是大石整理财务问题时的左右手。大石见右卫门七意志坚定，也只好让他盖上血印。

最后一位署名的是35岁的三村次郎。三村是负责会餐茶水的下级武士，俸禄仅有七石二人扶持。每逢家臣召开会议时，总是被视为无名之辈，毫无开口提出意见的机会。义举当天，却是立下大功的后门组先锋。

尽管这天有一百二十余人沥血以誓，但人心莫测，到底有多少人经得起时间的考验？

这天夜晚，备受藩主重用的大野家老，带领着家中所有成员连夜潜逃了。

十六日，幕府监察官抵达赤穗，检视城内所有接收用品，甚至连城内的狗也算得一清二楚。黄毛狗十、白毛狗五、黄斑

▶ 幕府派播磨龙野藩前往接收赤穗的行列，总共动员四千五百人，中央的"马"字正是藩主所在的位置。

狗一、黑毛狗一，另外还有刚生下的小狗八，以及从城外闯进来的流浪狗数只。十八日深夜，两位收城使各自率领四千五百名与一千五百名军队进驻了赤穗。十九日早朝，身份已沦为浪人的大石内藏助，自侧门出城，再绕到正门，向自己的前半生告别。

三

大石家原本是近江国人（滋贺县），数代前先祖是丰臣秀吉养子丰臣秀次的家臣。这位家臣的儿子正是赤穗藩第一代城主的家臣，由于在"大阪之阵"立下大功，以后便成为赤穗藩家老。内藏助良雄是第四代，19 岁时继承了家老地位，当时第三代城主长矩才 11 岁。与长矩的急性子比起来，内藏助显然是慢性子，绰号是"白天的座灯"，意思是说，明明存在，却跟白天的座灯一样，可有可无，纯然在浪费灯油。中等身材，肤色微黑，脸上有天花痘瘢，平日沉默寡言。内藏助非常喜爱喝酒，史料上有每隔二三日必买一升酒的记录。28岁时内藏助与18岁的理玖夫人结婚，膝下有二男二女。

开城后，内藏助和二十名旧藩士将办公室移到远林寺，继续处理善后事务。赤穗藩的公费已所剩无几，就算想振兴家门，也要筹措经费。于是大石便想到阿久利的陪嫁费。阿久利是备后三次藩（广岛县三次市）藩主次女，三次藩与赤穗藩是远亲关系，阿久利于10岁嫁到赤穗藩时，带来五千四百七十两陪嫁费，相当于现代的六亿五千万日元。这些陪嫁费都外借给盐田经营者，利息是阿久利的零用钱。

大石东奔西走，才收回五百七十两，加上剩余公费，总计是六百九十余两（八千二百多万日元）。这正是日后浪士发动义举的资金。有关这笔钱的详细支出，大石都做了记录，并留下了一本账簿。

五月下旬，大石左手腕长了个疔疮，却由于公务太忙，无暇就医。六月初，病症恶化，只得卧病在床。但即使人躺在病

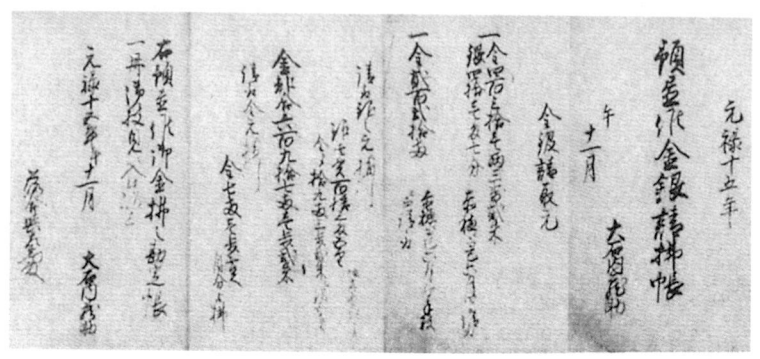

▶ 大石所留下来的账簿，义举资金的收支记录一清二楚。箱根神社藏。

榻上,一样要处理种种杂事。不但派人到江户进行家门重建运动,还要安抚江户激进派不能轻举妄动。

江户激进派的先锋是32岁的堀部安兵卫、55岁的奥田孙太夫,以及日后临阵脱逃的高田郡兵卫。堀部和奥田是当时名满天下的剑客堀内源左卫门的门生,高田则是宝藏院流派枪术名手,三人的共通点是皆为中途采用的驻江户家臣、武术高强。

▷《堀部安兵卫肖像》,长安义信绘,花岳寺藏。

大概仗着有一身武功,又身临其境,每天耳闻目见均是江户大众对此事件的评论,因此恨不得能立即斩下吉良的头颅,以吐一口怨气。

堀部安兵卫正是"高田马场决斗"的主角,在江户有点小名气。高田马场事件发生于七年前,浪

▷《奥田孙太夫肖像》,长安义信绘,花岳寺藏。

▶《堀部弥兵卫肖像》，长安义信绘，花兵寺藏。

人身份的安兵卫正值25岁。某天，在同一个道场学剑术的拜把叔父送来一封信，告知其将和反目已久的同事在高田马场进行决斗。安兵卫看过信，马上赶到高田马场，这时决斗已经开始了。敌方约七八人，叔父这边只有三人，加上赶来助阵的安兵卫，总计四人。四对八，安兵卫斩了四人。不过，叔父也受了重伤，于归途时咽气了。风声一传开，在赤穗藩当了三代家臣的堀部弥兵卫大为激赏，亲自到安兵卫住居恳请这位够义气的年轻浪士继承堀部家门。安兵卫起初拒绝了，说他是中山家唯一的儿子，不能改姓。弥兵卫便向主君请求废除堀部家门，改姓中山。得到主君获准后，弥兵卫再度前去说服安兵卫。这回轮到安兵卫由衷感服，答应入赘继承堀部家门。安兵卫会成为江户激进派的领导者，其实最大原因在于岳父。"浅野事件"发生时，弥兵卫已退休，高龄76岁。义举时，弥兵卫77岁，是所有义士中年龄最大的一位。或许，弥兵卫急着想在自己瞑目之前，能对含怨而死的主君付出一点贡献，而在幕后督促着女婿？

赤穗藩江户宅邸被没收后，安兵卫搬到两国桥以西的米泽町，租屋只有九坪大，住着岳父母、妻子，以及投奔无门的杂役帮佣。经济上当然极为窘迫。虽然也有其他藩主有意收容安兵卫，但堀部父子都拒绝了。

六月二十四日，所有住在江户的旧藩士都聚集在泉岳寺举行内匠头的百日法事。大石内藏助也在赤穗的花岳寺同时为主君办了法事。翌日，大石便离开赤穗，出发到京都郊外山科。山科有一位远亲帮内藏助寻到住居，宅地一千八百坪，不但有堂屋，还有独立的厢房，更有花圃与菜园。

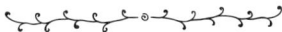

八月上旬，吉良上野介向幕府申请迁居，获准，宅邸将从吴服桥迁到本所。上野介于"浅野事件"后，便立即自动辞职。这回的迁居，其实是邻居蜂须贺飞驒守受不了世间的风言风语，战战兢兢日夜警戒赤穗藩浪士的突袭，甚至向幕府老中请示，如果赤穗藩浪士真的来袭，到底该怎么办？老中回说："只要固守自家宅邸就可以，其他都不要插手。"蜂须贺于是建议让吉良搬家。由此可见，幕府与世间都陷于"赤穗藩浪士一定会突袭"的氛围。而老中只吩咐"固守自家宅邸"，言下之意是"要突袭就让他们突袭"，这也表示将军已有悔意，后悔当初不该一时冲动过早下了不公平的判决。

事实上，吴服桥的吉良宅邸本来位于丸之内，位置在内护城河内，相当于将军的守备范围。若是赤穗藩真的发动突袭，等于是向江户城举起叛逆之旗，所有居住在那一带的大名当然无法作壁上观。然而，将军赐予吉良的新宅邸是外护城河外的本所，在当时算是偏僻地区，赤穗藩浪士若是突袭本所，比邻而居的大名便可以视若无睹，让浪士如愿以偿。而更巧合的是，隔着两国桥，堀部安兵卫正住在西岸，本所的吉良新宅邸在东岸，这当然并非将军刻意安排，只能说是上天的指引吧。此时开始，"浅野事件"也逐渐演变为"赤穗浪士事件"。

吉良家是镰仓时代以来的望族，先祖是第五十六代清和天皇的第六皇子足利义康，可以说是名门中的名门。在三河国吉良庄（爱知县幡豆郡吉良町）有四千二百石领地，官位是从四品上，身份与大名相当。妻子是上杉定胜的女儿，正是战国时代"越后之龙"上杉谦信的后裔。这时期的上杉家已自一百二十万石的大大名没落为米泽藩（山形县米泽市）三十万石大名，但家臣数却跟以前一样，经济内情与赤穗藩类似，相当拮据。第四代城主于27岁急逝，膝下无后，按理说，应该会遭到断绝家门的命运。不过，上野介当机立断，将自己的独生子过继给上杉家当养子，因而上杉家才得以幸存。只是，上杉家也因此受到幕府的惩罚，自三十万石降格为十五万石。日后，吉良再收养儿子偏房所生的孙子为养子。正因为有这层关系，赤穗浪士在准备义举时，极为留意上杉家的动静。

九月中旬与十月初，大石内藏助各派出两批使者前往江户，目的是去安抚江户激进派，不让他们鲁莽从事。没想到，两批使者均受到洗脑，全体加入了激进派。十月二十日，大石与四名稳健派浪士终于自京都出发，打算亲自说服激进派。一行人于十一月三日抵达江户。身为赤穗藩前任家老的大石，来到江户后，当然无法游山玩水，不但要拜会已出家的阿久利夫人瑶泉院，还要访谒当初负责收城的监察官。直至十一月十日，才召开"江户会议"。

江户会议的参与人数总计十五名，不过，日后中途脱离的有六名。这天，众人讨论后，决定在翌年三月长矩周忌之前，一切慎重其事。有了这个明确日期目标，江户激进派总算暂时沉住气，答应谋定后动。

对大石来说，这回的江户行，最大收获应该是让33岁的不破数右卫门回归赤穗浪士团。四年前，不破为了试用新铸的刀，擅自挖掘本已埋在坟墓中的尸体，藩主浅野得知后勃然大怒，便开除了不破。成为浪人的不破于这一时期刚好在江户混饭吃，听闻大石来到江户，费尽唇舌才说服大石答应让他回归旧属身份。这位中途加进来的义士，在义举当天，立下了最大的战功。

十二月五日，内藏助回到山科。十五日，为14岁的长子主税举行成人式。大石

▷《不破数右卫门肖像》，长安义信绘，花兵寺藏。

▷《大石主税肖像》，长安义信绘，花岳寺藏。

主税是义举浪士中最年轻的一位，但体格强壮，根据记录，这时身高已有一七三厘米，义举当天，担任后门组队长。

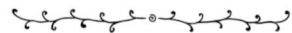

元禄十五年，1702 年……

元禄时代的年号实际持续期间，仅有十六年，但在日本史上通常是指五代将军在位时间约三十年的文治时代。纲吉于1680 年就任，其后三十年间，正好是战国时代与江户时代的实质转换期，世间虽然仍残留着战国时代的余风，但整个大环境已逐渐往重文轻武的新潮流迈进。社会风气以儒学为主，主要学派有三：朱子学派、阳明学派，以及以孔孟学说为主的古学派。其他如古典研究（日后演变为国学）、历史学、本草药学、天文学、数学、医学、西洋学等均欣欣向荣，是个百花齐放、百家争鸣的时代。艺术文化的主导权也落在庶民手中，元禄三大文学者正是井原西鹤、松尾芭蕉、近松门左卫门。《好色一代男》《好色一代女》《世间胸算用》《奥之细道》《曾根崎心中》《心中天网岛》等名著皆在这个时期出世。庶民忙着观看歌舞伎剧、净琉璃，男人可以到吉原游廓享受千金一刻的春宵，女人也可以结伴到郊外寻山问水。

世间风潮日益奢华，赤穗藩浪士也面临种种岔路的选择。人生，的确是一连串的选择。如果缺乏选择的自由，是否可以活得更轻松一点？

江户激进派之一的高田郡兵卫也面临着选择。郡兵卫的伯父是幕府旗本身份，膝下没有孩子，想收郡兵卫为养子继业。郡兵卫请胞兄代为拒绝，不料胞兄与伯父咄咄逼问理由，郡兵卫只得说出实情。这下好了，秘密曝光，伯父是幕府旗本，当然不允许自己的亲族参与这种犯上作乱的阴谋，拍案怒骂，喝令郡兵卫脱离同盟，否则将向幕府报告所有内情。于是郡兵卫成为第一个背叛同盟的人。只是，该伯父与胞兄于事前虽知道赤穗藩浪士的计划，却没向幕府密告，这是不是表示世间人都在暗地里期待浪士们有所行动？事实上，直至义举当天，一直有人陆续退出，却始终没出现任何一个密告者。

另一个类似例子是28岁的萱野三平。赤穗开城后，三平回到父亲与长兄居住的乡里摄津国（大阪府）萱野乡。领主得知三平回来后，向三平的父亲表示愿意收容三平为家臣。三平夹在"欲忠则不孝、欲孝则不忠"之中，托人送遗书给大石，于长矩的月忌日（一月十四日）选择了第三条路，抱着秘密切

▶ 片岛武矩于享保四年（1719）编辑的《太平义臣传》，又称《赤穗义臣传》，因为将义士以实名而并非假名来记载，翌年遭到禁刊的处分。不过出版者早有预感，头版就大量发行，因而获得相当利润，由此可知赤穗事件在当时相当受到推崇。

腹自尽。义举成功后，大石曾明言三平是第四十八位义士。东京港区高轮的泉岳寺，也的确有三平的墓碑，碑石上的戒名是"刃道喜剑信士"。

一月十一日，几位散居于京都、大阪方面的浪士，在大石家召开"第一次山科会议"；一月十四日，又举行了"京都会议"；二月十五日，再度召开"第二次山科会议"。三次会议的结论是"义举延期至秋季"。只是，此结论终究是关西浪士的认同归结，与江户浪士的想法南辕北辙。

三月十四日，大石内藏助回到赤穗，为主君办了周忌。赤穗城威容依旧，却已物是人非，一切恍如隔世。

四月中旬，内藏助留下长子主税，与理玖夫人离婚。此时，理玖夫人肚子里已有孩子。这是为了避免义举后会株连到家族骨肉。由此可见，比起连说带骂批判大石没骨气的江户激进派，其实最为远虑深思的正是大石。离婚后，内藏助便开始流连忘返于柳巷花街。周遭人看不过去，纷纷劝慰大石纳妾，于是十八岁的可留便成为大石的小妾。这女孩日后也怀孕了。

同一时期，江户激进派召集了约十五名浪士，决定于七月独断进行义举……

四

> 今宵上空乌云挂
> 雨过天晴月不出
> ——吉良上野介·62岁·辞世诗

人算不如天算，就在赤穗藩浪士面临分裂局面时，上天又下了一步棋。七月十八日，幕府终于解除浅野大学的禁闭惩罚，下令其寄居广岛浅野家。意思是说，不准弟弟继承哥哥家门。大石的幕后活动全部化为乌有。剩下的只有一条路可走。

七月二十八日，大石在京都圆山召开了"圆山会议"，出席者总计十九名，江户激进派领导堀部安兵卫也参加了。席上，安兵卫又和大石内藏助起了冲突。安兵卫主张"先动手再说"，大石却秉持"要动手便不能失败"。安兵卫是想藉行动让世间理解赤穗藩浪士并非贪生怕死之徒，失败了也无妨；大石则考虑到，万一失败，反而是耻上加耻，赤穗藩将遗臭万代。这是立场不同，观点便不同的典型例子。一是中途采用的藩士，一是代代都是家臣之首的家老。安兵卫最先考虑到的是"个人面子"，而内藏助却始终顾及"赤穗藩整体的名声"。

八月上旬，大石派出两名使者——拜访一年半前在宣誓书上签名盖血印的旧藩士，目的是退还宣誓书。花了二十天左右筛选的结果，本来一百二十余名的同志，只剩下五十五名。八月下旬至九月下旬，关西浪士三三两两起程，一路往江户前进。

17岁的右卫门七，眼看着同志纷纷动身，内心焦躁不已。父亲本来就只是个俸禄很低的会计，既无家产也无积蓄。赤穗城开城后，一家人辗转来到大阪，父亲在朋友开的寺子屋（私塾）教算盘，收入勉强可以糊口。然而，父亲却在八月十五日因患上伤寒而过世，留下老母和三个妹妹。父亲过世前，将代代相传的腹部铠甲交给右卫门七，吩咐："义举时，你一定要穿着这铠甲奋战。这铠甲代表我，我会伴随在你身边，跟你一起力战。"

父亲卧病时，内藏助曾派人送来三两补助金，但这些钱也早就用光了。苦思之余,只得将铠甲当作抵押向房东借了一些钱。筹办完父亲的葬礼,右卫门七更是如热锅上的蚂蚁。万一没赶上义举,岂不是违背了父亲的遗志?岂不是会被嘲讽"打算盘的儿子终究只会打算盘"?

某天,母亲对儿子说:"我在奥州还有远亲,你别担心我们的事,去吧!"

右卫门七便向房东撒谎,说要维修铠甲,要回了家传之宝后,立即动身前往江户。

其他不少浪士的家庭环境也大致如此,不是膝下有年幼孩子,便是上有年迈双亲,要不然就是父亲病逝,儿子继承父亲遗志,代父亲参与义举。

大石一直拖延至十月七日才出发。可留肚子中的孩子,托付给本来是赤穗藩藩医,现在在京都当开业医的寺井玄溪。寺井原本就是开业医,是浅野内匠头看中他的医术,提拔他成为藩医。因而当寺井得知浪士决定发动义举时,曾请求大石让他参加。不过,内藏助以"医生的专业是救人"为理由而拒绝了。于是寺井只得派儿子到江户,专门照管浪士的健康问题。

十月二十六日,大石住进武藏国平间村(神奈川县川崎市)租屋。在此,大石发出了"十训令"。大概是距离太远,不方便下令,十一月五日,大石终于进入江户,化名住进日本桥石町某"公事宿"。这是让自地方城市到江户办理诉讼等公事的旅人长期驻留的租屋,类似大杂院。所有浪士都用化名散居于江户各地,有的化为商人,有的潜入与吉良家有来往关系的商家当杂役,各自费尽心机搜集资料。

十一月二十九日,大石派人将开城后所剩的公费支出账簿交给瑶泉院，这本账簿一直流传到后世。账簿的内容非常琐碎，每一笔支出都详细记载着日期与用途，超支是七两多。这七两多是出自大石自己的腰包。十一月份的支出，"饭料"非常多，可见半数以上的同志在这时期已穷得连三餐都成问题。大石自己本身的荷包大概也快山穷水尽了，主税留有一封亲笔谢函，是亲戚托人送金银到江户时的回信，这应该表示，大家都在自己力所能及的范围内，到处筹措资金。

十二月二日，大石召开了最后一次"深川会议"。参与者是四十七人。不错，自大石进驻江户亲自指挥以来，又陆续有人中途脱逃了。其中最令人痛心的是一位名为小山田的浪士，他在脱逃之前，潜入同志家中，偷走三两现金与衣服。原本一百二十余名的志士，经过时间的冲刷，有三分之二屈服于现实，但做出这种背叛同志之举的，仅有小山田一人。最可怜的是小山田的父亲，高龄81岁，当时住在身份是幕府旗本家臣的女婿家。这位老爹，也是前任赤穗藩的藩士，得知旧藩士将付诸行动时，曾要求参与义举，却因年事太高，被拒绝了，也因此更加期待儿子能够戮力以赴。十五日早朝，听闻义举成功时，欣喜若狂。事

▷《前原伊助肖像》，长安义信绘，花岳寺藏。

▷《神崎与五郎肖像》，长安义信绘，花岳寺藏。

后看到号外新闻上没有儿子的名字，托人到处打听内情，才知道儿子的不义之行。老爹为了向同志赔罪，用短刀刺进自己胸部，自尽而亡。

与小山田成对比的是前原伊助。39岁的伊助是驻江户家臣，俸禄只有十石三人扶持。赤穗城开城后，伊助在富泽町开了一家二手货服饰店。当时除了一部分富裕人家可以订制新装外，一般庶民想添新装时，都利用二手货商店。伊助一方面专心行商，另一方面一直观察吉良上野介的动静。大石第一次进江户时，伊助才正式加入同盟。后来搬到吉良宅邸后门附近另开了一家米谷店。同居人是37岁的神崎与五郎。与五郎身份是前任步卒队长，身份很低，比现代军队的下士还要低，俸禄仅有五石三人扶持。伊助和与五郎两人负责探索吉良宅邸内部。与五郎更是吉良上野介长相的唯一目击者。义举前，伊助卧病在床，虽然大石派人送来昂贵的朝鲜人参，却毫无起色。结果，伊助于当天毅然抱病参加义举。

值得一提的是，伊助和与五郎两人都是身份卑微的浪士，却多才多艺，不但善于经商，更精通汉诗、和歌、俳谐。自从浅野家废绝直至义举前一个月，两人各别以汉文记录下浪士卧薪尝胆的过程,包括不义之臣的形迹。伊助的记录是《国难始末》,与五郎的则是《绝缨自解》,日后两部记录合并为《赤城盟传》,是"忠臣藏"的珍贵史料之一。

四十七名义士中,32岁的武林唯七身世最特殊。根据本人宣称,其远祖是古代中国大儒孟子,中国名是"孟隆重"。唯七的祖父孟二宽是明国人,故乡是浙江省杭州府武林。孟二宽是丰臣秀吉入侵朝鲜时所带回来的俘虏之一,由于具有医术知识,归化后成为医师,改姓为武林。唯七是江户激进派中最为激进的一位,义举当天,加入前门组。生前留下一首七言绝句汉诗:

▷《武林唯七肖像》,长安义信绘,花岳寺藏。

> 三十年来一梦中,
> 舍身取义梦尚同,
> 双亲卧疾故乡在,
> 取义舍恩梦共空。

义举日期本来定在十二月五日，后来又延期至十一日，凑巧这两天都是将军出城下访公卿大臣宅邸的日子，江户市内戒备森严。最后由化身为茶人的大高源五探听出吉良宅邸于十四日将举行茶会，其他两位义士也分别从不同人口中得知茶会日期，于是便决定于十四日深夜出击。正确说来应该是十五日凌晨（阳历1月30日）。十四日，正是浅野长矩的忌日。

连续下了几天大雪的江户，于十四日早朝放晴了，阳光映照在白皑皑的雪地上，亮灼灼得令人要眯起眼睛才分辨得出迎面来的人是谁。

傍晚4点开始，义士纷纷前往聚集场所，最后汇集在安兵卫家挑选事前已准备好的武器。服装没有一定，只有几个基本条件：黑色窄袖外衣、铁盔头巾、锁链铠甲内衣、内藏锁链的腰带、绑腿、草鞋。外衣袖口缝着一圈白布，右袖口上写着自己名字。腰带内藏锁链是安兵卫的点子，他在"高田马场决斗"时，有过腰带脱落致使行动不便的经历。其他就是护手和护腿具。整体看来，与江户消防队员的制服类似。不过，毕竟是华丽的元禄时代，大家都在服装小道具配色下了一番功夫。例如茶人身份的大高，穿的是宽袖内衣与外衣（袖口与袖子长度相等，且没有缝在一起那种），内衣袖子里表均是红色，外衣袖子里表是黑色，奋战时，袖口翩翩起舞，黑红相映，宛如狂风中的绯红牡丹。这是另一位义士于事后在家书内所描写的现场光景。大石的服装最正式，不但穿上绣有家纹的外衣，还披上黑色呢绒外套；黑色盔甲头巾边缘是白色皮革，绑带则是红色皮革。腰上佩带长刀和短刀，短刀刀柄上刻印着"万山不重君恩重，一发不轻臣命轻"汉文对句。

赤穗四十七义士名录

前门组（表门队）二十三人

大石内藏助良雄、堀部弥兵卫金九、冈嶋八十右卫门常树、武林唯七隆重、胜田新左卫门武尧、小野寺幸右卫门秀富、神崎与五郎则休、村松喜兵卫秀直、矢头右卫门七教兼、矢田五郎右卫门助武、横川勘平宗利、吉田泽右卫门兼定、近松勘六行重、早水藤左卫门满尧、间濑久太夫正明、富森助右卫门正因、原惣右卫门元辰、贝贺弥左卫门友信、奥田孙太夫重盛、片冈源五右卫门高房、间十次郎光兴、冈野金右卫门包秀、大高源五忠雄。

后门组（里门队）二十四人

大石主税良金、不破数右卫门正种、小野寺十内秀和、菅谷半之丞政利、木村冈右卫门贞行、大石濑左卫门信清、前原伊助宗房、堀部安兵卫武庸、赤埴源藏重贤、吉田忠左卫门兼亮、三村次郎左卫门包常、潮田又之丞高教、村松三太夫高直、间濑孙九郎正辰、礒贝十郎左卫门正久、中村勘助正辰、茅野和助常成、仓桥传助武幸、杉野十平次次房、间新六光风、间喜兵卫光延、奥田贞右卫门行高、千马三郎兵卫光忠、寺坂吉右卫门信行。

▷ 大石良雄家纹·二头巴。

▷ 浅野长矩家纹·鹰之羽。

全体胸前挂着哨子。无论是谁先找到吉良,都要吹哨通知众人。

凌晨4点40分左右,四十七义士默默无言地踏着雪地,肃穆地往一公里外的目的地前进。这一晚是满月,天空清朗无云,夜气冷冽。

吉良宅地总计两千五百五十坪,正房三百八十八坪,围绕在长方形宅地围墙内的东、南、西三方,均有长屋(长条形房屋),供下级家臣以及杂役居住,大约四百二十六坪。

▶《大高源五肖像》,长安义信绘,花岳寺藏。

义士分为两组,由大石指挥的前门组有二十三名,15岁的主税是后门组二十四名的领导。依照年龄来看,未满20岁的有二名,20至29岁的十三名,30至39岁的十八名,40至49岁的四名,50至59岁的四名,60岁以上的老人组六名。其中,父子关系的有九组,兄弟关系的有二组。大石编队时,并非以个人武功强弱为基准,而是依年龄、骨肉关系各自拆开。所幸25岁至40岁的战斗主力占了大半。

战斗方式是三人一组。前门组利用云梯依次爬到墙头跳进院子。同时,一名义士在大门前竖起竹竿,上面有个盒子,盒子内是"义举致辞"。闯入吉良宅邸内后,几位义士大声向邻居宅邸打招呼,说明这回的行动并非暴举,而是雪恨,恳请大家不予干预。北邻宅邸是幕府旗本土屋主税,听闻赤穗藩终于发动义举,下令在围墙旁高举一排灯笼,以照亮邻居院子,让赤穗藩义士便于行动,并命家臣守备在围墙旁,以防吉良家臣翻墙逃过来。

  长屋内的下级武士与杂役大约有一百二十名,但出入口都被封住,只知道外面似乎打成一片,而且时时有"三十名组已冲进玄关""五十名组已封住长屋""三十名组已绕到后院"等号令传进来,听起来像是有三四百名义士。在黑暗中,众人大气都不敢吭一声,只期待事情快快结束。这是大石于事前策划的战略之一,目的是搅乱敌方。老人组虽没有实际参与战斗,但负责巡逻

▶ 歌川广重的《忠臣藏·夜讨》,图中描绘着满月下的场景。

▷ 哨声响起,抓到吉良上野介了。《假名手本忠臣藏·十一段目》。

▷ 众义士带着吉良的头颅,意气风发地列队往泉岳寺前进,旁有好事的民众围观。

院子，有人逃出来时才大展身手，并大声反复上述号令。

一小时后，前门组与后门组汇合了，却仍找不到吉良。最后是25岁的间十次郎在厨房旁柴薪储藏室发现了仇敌。哨声响起。众人聚集过来。大石确认吉良额头与背部的伤痕后，让十次郎斩下上野介头颅。这时，大概有人喜极而泣吧，根据北邻土屋主税于事后的证言，号泣声甚至传至土屋宅邸。

义士将吉良的尸体搬回寝室，为他盖上被子，并熄灭所有蜡烛与火苗。如果善后没做好，幕府便会判他们为"盗贼"而非"义举"，事后罪名完全两样。这也正是江户时代与战国时代武士道之最大差异。

得到仇敌头颅，众人聚集在后门点名。除了四名受了轻伤，全体无恙。吉良家臣的死亡人数是十六名，受伤人数是二十余名。再度向邻居打过招呼后，6点左右，一行人踏上归途。中途，大石派使者到幕府监察官仙石宅邸自首。9点左右，众人抵达泉岳寺，在主君幕前献上吉良头颅后，静待幕府处置。

在这之前，大约5点40分左右，吉良宅邸附近一家卖豆腐的小贩，察觉宅邸内的异变，飞奔至上杉家通报消息。第二位来通报的是吉良宅邸后门守卫之一的杂役。然而，吉良嫡子上杉纲宪正好卧病在床，家老色部又逢服孝期间，人不在上杉宅邸。就在家臣们议论纷纷时，幕府便派使者来警告不准追击赤穗藩藩士。因而上杉纲宪于事后所受到的惩罚，只是禁闭五十天而已。

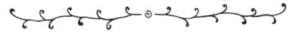

下午5点半左右，义士们转移到监察官仙石宅邸。仙石早

「江户日本」

▶《间十次郎肖像》，长安义信绘，花岳寺藏。十次郎又记作重次郎，但在幕府公文书里，自己署名重治郎。

已吩咐家臣准备五十人份料理。之后，四十七义士分成四队，分别由熊本藩细川家、长府藩毛利家、松山藩松平家、冈崎藩水野家保护管束。正确说来是四十六名。

四十七义士中唯一不是赤穗藩藩士的寺坂吉右卫门，在义举成功后归途中，受大石之命，中途脱逃了。目的是当"活证人"，向义士遗族巨细靡遗地报告事情的来龙去脉。寺坂是赤穗藩家臣吉田忠左卫门的步卒。61岁的吉田正是义举的副头目，大石的左右手。寺坂此时是37岁，9岁便到吉田家奉公，27岁当上吉田家步卒。步卒不是武士阶级，步卒队长才是最下级武士。寺坂参加义举时内心所怀抱的"忠义之情"，对象不是浅野长矩，而是从小便在身边伺候的吉田。有关这点，其他也有不少义士于事后在家书中坦露自己参加义举的心情，有人是为了大石，有人是为了代替中途脱落的亲戚，并非全体都是为了内匠头。

吉田在遗书中吩咐女婿："虽然向幕府报告说寺坂中途脱逃了，但事实是有难言之隐，因此无论任何人讯问，千万勿提起寺坂的事。"遗书中又恳请女婿照顾寺坂夫妻的生活。日后，吉田的女婿果真听从岳父遗言，照顾寺坂夫妻十二年，又记录下寺坂的证言。根据寺坂的证言，他是后门组之一，归途受大石之命，先到瑶泉院宅邸报告，然后一路奔往赤穗，最后到广岛浅野家报告。大石为了不让他日后蒙冤，亲自替他保留了誓约书。寺坂晚年在江户某寺院当杂役，享年83岁。东京泉岳寺四十七义士的墓碑戒名，均有"刃"与"剑"两字，唯独寺坂的戒名是"遂道退身信士"，原因正在此。另外，大石会选择寺坂当"活证人"，很可能也考虑到寺坂的身份——既然不是武士阶级，幕府便不会穷追不舍，世间也不会唾弃这位义举唯一的生存者。

四十六义士分为四队后，便彼此永别了。

当天夜晚，细川家派出十七顶轿子与护卫八百七十五名，浩浩荡荡来迎接大石等义士。松平家的护卫人数是三百零四名，毛利家是二百余名，水野家是一百五十余名。这与各家大名的

▷ 寺坂吉右卫门之墓，因为他是唯一未殉死的幸存者，所以戒名没有"刃"或者"剑"二字。（茂吕美耶 摄）

势力规模有关,也与受管束的义士身份阶级有关。细川家是五十四万石的大大名,接掌十七名高俸禄的义士;十五万石的松平家照管十名义士;五万石的毛利家与水野家各别迎走了地位最低的十名、九名义士。

熊本藩藩主细川纲利对赤穗藩浪士这回的义举佩服得五体投地,暗自盘算要是幕府大发慈悲赦免大石等人的罪行,便要收容全体义士为家臣。凑巧老人组都在细川家,不但每餐都是两汤五菜,下午有点心,夜晚还有消夜,烟酒更不用说了,款待得无微不至。甚至连赦免后的服饰与武器都准备好了。松平家的待遇也跟细川家类似,藩主考虑到可能会被判流刑,刻意准备了可以带到孤岛的用品。毛利与水野家的物质待遇跟其他两家一模一样,大概是四家于事前已商讨过了,不过精神方面的待遇似乎差了一截。

最头痛的是五代将军纲吉。"浅野事件"时,纲吉当天便下了决定。可是,这回的"赤穗浪士事件",整整一年又十个月(八月是闰月)的全部过程,以及完事后的自首决断,件件都合情合理,没有任何反驳余地。纲吉理解大石不选择在主君墓碑前切腹自尽的理由。因为大石真正的目的不是"复仇",而是要求纲吉把时间推回到一年

▷《吉田忠左卫门肖像》,长安义信绘,花岳寺藏。

又十个月之前,再度开庭为赤穗藩做个"公平的审判"。如果环境允许,纲吉个人是很想鼓掌欢呼的,然而,自己是将军,立场与庶民不同,每一项决定都很可能万古流芳,也很可能播恶遗臭。到底该下何种决定?

翌年二月一日,日光轮王寺住持公辩法亲王(第一百一十一代后西天皇第六皇子)进城向将军拜年。将军暗示亲王代义士请命,但亲王假装没听懂。其实,将军已决定采用江户大儒荻生徂徕的意见,让义士切腹,但内心仍略有不忍。事后,亲王向近侍吐露:"我不是听不懂将军的暗示,可是,四十余名义士中,有不少血气方刚的年轻人,就算现在救了他们一命,日后若有人误入歧途,岂不是前功尽弃?让他们留名,才是真正的慈悲心怀吧。"

二月四日,幕府派使者分别送判决书到四位大名宅邸。下午4点左右,在四个不同场所,四十六名义士同时含笑归西。

啊哈真开心

舍身取义了心愿

浮世月上无愁云

——大石内藏助·戒名"忠诚院刃空净剑信士"·45岁·

辞世诗

落幕

吉良上野介的养子(孙子)于事件当时,年仅16岁。事件后，幕府下的判决是改易抄家。三年后，病逝。

义士遗孤中凡15岁以上的男子均被流放大岛，1706年获恩赦。一七〇九年一月十日，纲吉驾崩，六代将军家宣上任，发布大赦令，所有遗孤都重见天日。只是，大部分遗孤于事前为了避免株连罪名，都入沙门了。1710年，幕府重新赐予浅野大学五百石俸禄，让他恢复旗本身份。大石的次子早夭，遗腹子大三郎日后成为广岛藩浅野家家臣，俸禄与父亲一样是一千五百石。

三百多年来，《忠臣藏》始终是日本人百看不厌的罗曼史。而四十七义士的行动，更是统合战国武士气质与江户武士道形式美的代表。战国时代没有所谓的武士道，充其量是武士气质，以现代用语来说，战国武士是职业军人，他们的行动基准是"私"，在战场视死如归的表现，不是为了主君，而是为了讨饭吃或争一口气。如果主君是个昏君，臣子会不假思索地弃若敝屣，另寻一片天去。因而背叛行为在战国时代是家常便饭。然而，和平时代的江户武士是官僚，说穿了是非生产阶级，为了让生产阶级的庶民心服口服地供养他们，便必须格外律己，并制定一大堆道德规范当枷锁。而且，和平时代要求的是秩序，上下关系牢不可破，所有行动基准都取决于"公"。由大石所率领的四十七义士，正兼备战国武士气质与江户武士道形式美，例如堀部安兵卫正是战国武士气质代表，而大石是江户武士道实践者。简单说来，要是四十七义士全体都是战国武士气质，那么，这一场仗便不可能打得如此漂亮，义士很可能变成草莽英雄；要是全体都是追求形式美的官僚武士，更有可能沦为虎头蛇尾的下场，因为要顾虑的地方太多了。

▷《义士出立图》(共有两图,此幅为前门组),惠林和尚绘,花岳寺藏。

▶ 主税之梅树，相传交由松平家讬管的大石主税等十人，就是在此梅树下切腹自尽的。（茂吕美耶 摄）

　　正因为《忠臣藏》并非单纯的复仇剧，还网罗了背叛、面临人生歧路时的抉择、世间舆论、幕后支撑人士、将军与地方行政官员的对决等种种人性要素，现代日本人才会视其为"男子汉终极美学的罗曼史"。

　　至于浅野长矩在重要仪式中拔刀的真正原因，如今依然是个谜。虽然大部分戏剧中均将吉良上野介描绘成贪财的恶党，但实际上他是个明君，非常受三河国吉良庄居民所爱戴，直至大正时代，那一带居民为了力争平反，一直拒绝上演《忠臣藏》，这也反证出吉良领地的居民长久以来所承受的屈辱。反之，浅野内匠头却是个平庸之辈，而且性情急躁（浅野大学的证言），又因为财政关系，凡事节俭到近乎吝啬的地步。一是从小生活在朝廷

▶ 大石良雄墓，位于东京港区高轮泉岳寺内。寺内另有赤穗义士纪念馆。（茂吕美耶 摄）

与幕府富丽氛围中的外交使节，另一是必须处处俭约才能养活家臣的乡下大名；一是60多岁的老人，一是30多岁的青年；再加上从中联络琐事的驻江户家老昏庸无能，各种负面因素凑巧都集中在同一个时期，才会引发"浅野事件"吧。

第二节　半七捕物帐·勘平之死

一

在拜访了住在赤坂的历史小说大师 T 老先生①，请教了一些江户时代的往事旧话后，我竟情不自禁又想起半七老人。下午三点左右告辞后，我走在赤坂大街上，只见工匠们正在家家户户门前竖立门松②。糕点铺前有七八位男女，你推我挤地在争购点心。年终大减价的传单与立式招牌、红灯笼与紫旗帜、不清晰的乐队合奏、尖细的留声机回响……，这些色彩与音乐融合成一片，在腊月京城街市中，酝酿出一种匆忙急迫的气氛。

"再过几天就过年了。"

想到这点，我感到像我这样的闲人，挤在忙着采购年货的群众中，未免有点格格不入。于是，念头一转，打算直接回家去。就在我信步往电车站方向走去时，竟然迎面撞见半七老人。

"怎么了？最近都不见你来找我。"

老先生每次总是笑得意气风发。

"其实我正想去拜访您，可是又怕岁末去打搅人有点不好意思……"

"那有什么关系，反正我是闲居在家的人，哪有清明岁末元

---

① T 老先生：当时的历史小说作家冢原涩柿园，生于 1848 年，曾任横滨每日新闻主编，后来担任东京日日新闻编辑，与冈本绮堂是前后辈关系。——译者注
② 门松：元旦时的装饰。——译者注

旦之分啊？如果你没事，到我家来坐坐吧。"

所谓顺水行舟，指的正是这等事。我不客气地跟在半七老人身后，老先生打开格子门叫道：

"老太婆，有客人来了！"

一如往常，老先生请我进入六席房。我面前也如往常般搁着一杯上等好茶，当然也有上等糕点。老人与青年，像是住在一个没有时钟的国度似的，远离了忙碌的腊月人世，悠闲自在地谈天说地直到天黑。

"大概正好是这个时候吧，京桥①和泉屋的素人戏剧……"

"什么是素人戏剧？发生了什么案件吗？"

"那时真是掀起了一阵骚动。老实说，我那时也头痛得很。那天，确实是安政午年②十二月的一个温暖夜晚。有一家字号是和泉屋的五金行，店铺很大，位于具足町。和泉屋一家人都是戏迷，迷到最后，终于惹出震惊世人的风波。嗯？你要我讲述这宗案件吗？好，那我就再来说一段我的功绩故事吧，你慢慢听。"

安政五年腊月，连续四五天都很暖和。有一天，半七吃过早饭，正想出门到八丁堀衙门老爷那儿拜个年终礼时，妹妹阿粲从厨房后门匆匆忙忙地进来。阿粲与半七母亲阿民，一起住在神田神社附近，是教授常磐津③三味线的师傅。

---

① 京桥：位于东京都中央区银座之北，往昔从起点日本桥上京时第一座通过的桥，故称京桥。——译者注
② 安政午年：1858 年。——译者注
③ 常磐津：1747 年由常磐津文字太夫在江户开创的流派，以三味线（即：三弦琴）有说有唱地为歌舞伎舞蹈伴奏。——译者注

"大嫂，早啊。我大哥起床了吗？"

半七媳妇儿阿仙正好在厨房跟女佣忙着琐事，听到声音，笑眯眯地回过头来："哎，是阿粲，上来吧。这么早赶来，有什么事吗？"

"我想拜托大哥一件事……"阿粲又回头叫人："你进来呀！"

原来阿粲身后跟着一个无精打采的女人。这女人是个三十七八岁的俏美半老徐娘，连阿仙也一眼就能看出她大概跟阿粲一样，是个三味线师傅。

"这位大姐，别客气，请进来呀。"

阿仙解下束衣袖的带子，向来客颔首打招呼。女人畏畏缩缩地进来，郑重地弯腰行礼。

"想必您就是女掌柜。我住在下谷，名叫文字清，平常都多亏这位文字房师傅处处特别关照。"

"哪里，不客气。我们家阿粲年岁还小，恐怕给您添了不少麻烦。"

这一会儿工夫之间，阿粲已经进了里屋又出来。名叫文字清的女人跟在阿粲身后，紧绷着一张苍白的脸，来到半七面前。文字清的太阳穴上贴着止痛膏，双眼也有点充血。

"大哥，这位师傅说有件事想特别请你帮个忙。"

阿粲欲言又止地向半七介绍了身边那个面无血色的女人。

"唔，有事吗？"半七转过身来，"这位大姐，不知道你找我有什么事？我也不知道能不能帮上你的忙，反正先说出来听听吧。"

"这样出其不意来拜访您，实在很对不起。可是我实在不知道该怎么办,只好找平素有交情的文字房师傅商量,她便带我来到这里了……"文字清双手扶在榻榻米上,"不知您是否有听到消息?就是十九日晚上具足町和泉屋那宗年终素人戏剧事件。"

"喔,对,对,听说发生重大意外了?"

和泉屋事件,半七也听说了。和泉屋一家都是戏迷,每逢年终,总是会召集左邻右舍以及有来往的客户与商家,举办年终素人戏剧表演,这是和泉屋每年的惯例。今年也是于十九日傍晚开幕。别小看是素人戏剧,和泉屋的舞台规模很大,他们打通了三间里屋,正面建造宽达三间房的舞台,使用的戏服与小道具都相当豪华。演员都是近邻或店铺雇工,念台词的人与伴奏席的乐队,都是一些召集来的业余爱好者。

这回搬演的戏码是《忠臣藏》[①]第三、第四、第五、第六与第九,总计五幕。和泉屋的长子角太郎扮演早野勘平[②]。角太郎今年十九岁,长得细皮嫩肉,左邻右舍的年轻姑娘们平素就喜欢谈论他说他长得跟演员一般。观众也都认为角太郎少爷是演勘平角色最适合的人选。

从浅野内匠头与吉良上野介发生口角,浅野内匠头拔刀砍伤对方开始,连续三幕都圆满地闭了幕,直到冬夜五钟响时(夜晚8点),第六幕才开演。从第五幕开始,晚到的观众逐渐蜂拥而来,大家都是特地来看角太郎少爷演的勘平角色,当然其中不免有来拍马屁的人。观众席上人多得摩肩接踵,连烛台

[①] 忠臣藏:日本人最喜欢的时代剧之一,每隔几年都会召集大牌演员在屏幕上重演,更是歌舞伎剧的精彩好戏。——译者注

[②] 早野勘平:其实是萱野三平,赤穗藩主浅野内匠头的家僮之一。——译者注

与火炉都没地方摆,空气中凝滞着呛鼻的女人香粉味与发油味。半空更弥漫着打着漩涡的香烟青烟。男男女女的欢乐笑声流传到外面,令在腊月街上赶路的行人,也情不自禁停下脚步。

然而欢乐的喧闹不一会儿就变成哀愁的眼泪。角太郎演的勘平,在切腹时,鲜血竟将他的戏袍染成通红,但这并非事先准备好的胭脂糨糊。正当观众惊叹角太郎那痛苦的表情如此逼真时,再看到他台词还未说完就倒卧舞台上,惊叹声变成惊讶声,全场骚动起来。勘平的刀原本是舞台上使用的镶金道具,但是刀鞘内的这把刀却是真货,所以角太郎的切腹不是演戏。他忘我地用力将刀刺进小腹,致使刀尖真的深深刺穿他的侧腹。众人立刻将痛苦不堪的勘平抬到幕后。戏当然无法再继续演下去了,当晚的年终晚会,就在惊恐与畏惧的气氛中溃散。

角太郎没卸妆就接受医生的急救。故意涂抹得苍白的脸庞,更是毫无血色。大量出血的伤口缝了好几针,无奈病情并不乐观。角太郎煎熬了两天两夜,于二十一日半夜痛苦而死,结束了人生悲惨的尾声。二十三日中午过后,和泉屋为他举办出殡丧礼。

今天正是出殡后的第二天。

只是,眼前这位文字清与和泉屋之间,到底有着什么牵连,半七也想象不出来。

"有关这件事,文字清真的非常气愤。"阿粲在一旁帮腔。

文字清苍白的脸上,涕泪纵横。

"头子,请您为我报仇!"

"报仇……?报谁的仇?"

"报我儿子的仇!"

半七如坠五里雾中,愣愣地望着对方的脸。文字清抬起湿润的双眸,含恨回望着半七。她的双唇,像是要发癫一般,不停地颤抖。

"和泉屋的少爷,师傅,是你的孩子?"半七莫名其妙地问。

"是的。"

"唔,我倒是第一回听到。这么说来,那个少爷不是老板娘的亲生儿子?"

"角太郎是我亲生的儿子。这样说您可能不清楚。事情正好发生在二十年前,当时我住在仲桥附近,也是以教授三弦维生。和泉屋的老爷时常来捧场,我自然而然就接受了他的爱慕,第二年,便生下一个男婴。那男婴正是这回过世的角太郎……"

"那么,是和泉屋领养了男婴?"

"是的。和泉屋的老板娘得知这件事后,说反正她膝下没有孩子,想领回家当亲生孩子养……。当初我虽然很不愿意让孩子离开,可是想到若是让对方领养,将来孩子就可以成为大商店的继承人了,换句话说,孩子就可以出人头地,所以生下后不久就让和泉屋抱走了孩子。为了不让孩子将来知道有我这种母亲的存在,也为了不让世人知道,我便收下一笔相当大的酬劳,答应永远与儿子断绝关系。然后搬到下谷那附近,继续以教授三弦维生,直到今日。可是母子毕竟是母子,我一天也没有忘过自己的亲生儿子。当我听到儿子逐渐长大成人,成为和泉屋的少爷时,暗地为他高兴得很,却没想到竟然会发生这事件。我……我简直要发疯了……"

文字清匍匐在榻榻米上，放声痛哭起来。

二

"原来事情是这样的，我一点儿也不知道。"半七砰地敲了一下抽到半途的烟管，"不过话说回来，少爷是遇到意外灾难过世的，怎么能怨恨其他人呢？还是大姐你能说出个道理？"

"是，我一清二楚。一定是老板娘杀死少爷的。"

"老板娘？你冷静下来把理由说来听听。若是老板娘下手的，当初她又何必领养角太郎呢？"

文字清像是在嘲笑发问者的无知，泪眼斑斑地露出一个凄然的笑容。

"和泉屋领养角太郎后，第五年，老板娘怀了个女孩。今年十五岁，名叫阿照。请问，对老板娘来说，是比较心疼角太郎，还是自己的亲生女儿阿照呢？她会想让角太郎继承户主呢，还是想让阿照当继承人？老板娘平常看起来像是个大好人，但是人心不可测啊。她总会想出一个让角太郎从人世消失的方法吧？何况角太郎是老爷的私生子，心底应该也会夹杂着几分女人的嫉妒吧？考虑到这些内情，我认为不是老板娘自己下手，就是老板娘命令别人下手的，他们一定是趁着后台忙乱时，用真刀顶替了舞台道具。我这样怀疑，难道不合理吗？还是只是我在胡猜乱想而已？头子，您认为呢？"

有关和泉屋少爷出生的秘密，半七一直都不知情。文字清说的没错，对老板娘来说，角太郎是继子，而且是丈夫的私生子。即使表面上宽容大度地收养了角太郎，也不能保证她心中必定没有任何芥蒂。更何况日后又有个亲生女儿，按女人之常情来讲，不愿将家业传给角太郎，也是理所当然的心理。日有所思的话，谁又能管保老板娘绝对不会采取非常手段，做出类似这回的恶行呢？半七由于到今日为止，处理过不少各式各样的犯罪事件，非常清楚人心的险恶。

至于文字清，她当然确信不疑和泉屋老板娘就是她亲生子不共戴天的仇人。

"头子，请您谅察我的心情。我真是愤恨万千、愤恨万千啊！甚至想干脆拿把菜刀闯进和泉屋，将那畜生砍得七孔八洞……"

她情绪逐渐高涨起来，理智尽失地像要发狂。这时若是一不留神说出什么煽动的话，她可能会像一只狂犬扑上去乱咬一番。半七不违拗她，只是无言地吸着烟，然后心平气和地开口。

"我全部都清楚了。好吧，我尽力调查看看。不用我多说，这件事暂时不能讲出去。"

"不能说角太郎是她儿子，杀角太郎的老板娘就没罪吧？衙门大人一定会替我报仇吧？"文字清再度叮嘱。

"那是不说自明的。总之，这件事就交给我来办吧！"

哄走了文字清之后，半七马上整装准备出门。阿粲留下来跟大嫂阿仙闲话家常。

"大哥，辛苦你了。难道真是和泉屋老板娘下的手吗？"半七将要出门时，阿粲站立在半七身后悄声问道。

"不知道。反正先查查看再说。"

半七直接前往京桥。即使身份是捕吏，他也不能毫无任何线索就闯进和泉屋询问。所以他过门不入五金行，先去拜访了町长。町长凑巧不在家，他只好和町长娘闲话几句就离开了町长家。

"接下来到底要去哪里好呢?"

站在街头盘算着下一步该怎么走时,半七察觉到背后有一个人追赶上来。那是个五十出头、看似商家的男子,而且一眼就能看出对方是个生活水平不错的人家。男子来到半七面前,谦恭有礼地自我介绍:

"对不起,请问您是神田头子吗?我是住在芝露月町①的十右卫门,以五金行为业的大和屋。刚刚有点事想和町长商量,便拜访町长家,不巧町长不在,我和町长娘正在闲谈时,头子您正好也来了……。我问了町长娘,才知道您是神田头子,当下就认为良机不可失,便立刻追赶了上来,不知道会不会给您添麻烦?如果您现在没事,能不能请您拨一些时间听我讲述一件事……"

"可以。我陪您一起去吧。"

半七跟随十右卫门,跨进附近一家烤鳗鱼店。坐北向南、雅致舒适的二楼套廊,洋溢着早春似的柔和阳光,将摆置在套廊上的梅花盆栽枝势模样,如水墨画般映照在明亮的纸格子窗上。点完菜,两人对坐着开始相互敬酒。

"我想头子您因为职务上的关系,应该已经知道事情的来龙去脉了,就是和泉屋少爷发生意外那件事……。老实说,我正是和泉屋老板娘的胞兄。有关这回发生的意外事件,反正人死不能复生,再说什么也没有用,重点是事件发生后的风传……。俗话说人口难封,我妹妹也非常担忧……"

十右卫门不知如何是好地开口。原来是有关角太郎的横死

---

① 芝露月町:东京都港区东部,东京铁塔那一带。——译者注

事件，不但生母文字清怀疑是老板娘下的手，连一些略微知晓角太郎身世秘密的人，也都对老板娘投以怀疑的眼光。十右卫门为这件事感到很苦恼，所以才于今天拜访町长打算与他商量对策。

"我想请求头子暗地调查一下，为什么道具刀鞘内的假刀会变成真刀……。万一谣言在街头巷尾传开，我妹妹未免太可怜了。不是我这个当胞兄的刻意袒护，她实在是个老实正直的女人，而且始终视角太郎为亲生儿子。若是世人认为她是世间常见的那种继母的话，那真是太令人遗憾了……总之，葬礼在昨天已办完，我想请头子您帮忙调查出事件的真相。在水落石出之前，我妹妹就受到各方怀疑的话，她性子本来就有点怯懦，恐怕会为此而发疯。想到这点，我就感到她十分可怜……"十右卫门说完，掏出面纸擤了一下鼻子。

文字清也是几乎要发疯，现在又听闻和泉屋老板娘恐怕也会发疯，到底是文字清说得有理，还是十右卫门撒谎？就连半七也无法轻易断言。

"戏剧开幕那晚，您当然也去看戏了吧？"半七搁下酒杯问。

"是的，我去看了。"

"后台有很多人吧？"

"因为后台很狭窄，八席大房间里挤满十人左右，另一间独立的四席半房间内有两个人。演员就这些而已，但是其他帮忙的人很多，而且房内到处都是戏服和假发，拥挤得根本没有立足之地。不过大家都是商家居民，身边不可能携带有大刀小刀之类的东西。最初分发各种舞台道具给每个演员时，听说角太郎也一一检查过，所以那时应该还没有出错才对。大概是临出场时拿错，或是被偷换了。可到底会是谁做出这种事来，我们根本想象不出，才会不知如何是好。"

"原来如此。"

半七听毕，没有伸手去举酒杯，反倒交叉着双臂思索起来。十右卫门也默默无言地注视着自己的双膝。房内响起一只苍蝇在纸格子窗上忙碌移动的细微足声。

"少爷是在八席大的房间？还是在四席半的房间？"

"他在四席半的房间。那时身边还有庄八、长次郎、和吉三个伙计。庄八负责帮忙穿戏服，长次郎负责茶水。和吉则是演员之一，饰演千崎弥五郎。"

"接下来我再问一件失礼的事，少爷除了演戏以外，还有些什么嗜好吗？"

十右卫门回说，角太郎讨厌围棋象棋之类的比赛娱乐，也从未听过他有什么酒色癖好的风闻。

"那么，媳妇的事也还没有任何下落吗？"

"有关这点，其实已经私下订好亲事了。"十右卫门似乎难以启齿地说道。"事情到了这种地步，我就全盘托出算了。老实说，角太郎与一个叫阿冬的下女发生了关系……。这女孩不但容貌长得好，性情也不错，所以双方父母已经商量好，想趁事情还未传出去之前，先找家门当户对的人家收养阿冬，再迎娶进来，却没想到竟然发生这种事，可以说是双方运气都太坏了。"

半七仔细聆听着这段恋情故事。

"那个叫阿冬的女孩今年几岁？是哪里人？"

"今年17岁，品川人。"

"这样好了，您能不能让我见见那个叫阿冬的女孩？"

"因为阿冬年纪还轻,角太郎又突然发生那种事,整个人茫然若失,像失了神似的,恐怕无法见客正式打招呼,不过头子您若是想见她,我当然随时都可以向头子引见。"

"最好越快越好。如果您方便的话,能不能请您现下就引领我去见她?"

"好的。"

于是两人说好吃过饭后,马上出发到和泉屋去。十右卫门迫不及待地拍掌唤人时,烤鳗鱼才总算被端了上来。

三

十右卫门赶紧拿起筷子进餐,但是半七没吃几口就放下筷子。他吩咐侍女再送上一壶热酒。

"头子,您是海量吗?"

"不是,我是土包子,根本不会喝酒。不过,今天就破例多喝一点吧。不喝个面红耳赤的话,振不起精神来。"半七嬉皮笑脸地说。

十右卫门纳闷地,沉默下来。

侍女送来的酒,半七自酌自饮地全部喝光了。在坐北向南阳光和煦的座席上,大白天就浸在酒精中,半七的脸庞与手足,通红得像年货市场贩售的元旦装饰龙虾。

"怎么样?包装纸的颜色染得漂亮吗?"半七抚摩着发烫的脸颊。

"是,染得恰到好处。"十右卫门无可奈何地赔笑着。

他本来觉得,就这样将一个醉醺醺的男人带到和泉屋的话,似乎不大妥当,可是事情到了这个地步,又不能拒绝先前的委托，只好结了账，领半七步出户外。半七脚步有点蹒跚，险些与迎面而来一个肩上扛着鲑鱼的小伙计相撞。

"头子，您没事吧？"

十右卫门牵着半七的手，半七摇摇晃晃地走着。十右卫门看似益发后悔向一个不该商量的人提出不该商量的事。

"老爷，请您带我从后门悄悄进去。"半七说道。

可是，总不能真的让半七这种身份的人走后门，十右卫门有点踌躇，不过半七却径自拐进店家旁的小巷，大快步地绕到后门。他的步伐，看起来似乎没有想象中那样醉。十右卫门追赶在半七身后。

"老爷，请您让我马上会见阿冬。"

从后门进去的半七，穿过宽阔的厨房，探视了一下女佣房间，只看到三个脸红嘟嘟的女佣围坐一起，没发现像是阿冬的女孩。

"阿冬呢？"十右卫门将纸窗门打开一条缝，三张红嘟嘟的脸不约而同地回过头来，回说，阿冬因为昨晚身体不舒服，老板娘吩咐她到独间四席半榻榻米房休息了。这间四席半榻榻米房，正是十九日那天晚上，让角太郎当后台的小房间。

沿着套廊走向里屋，可以望见狭窄的里院，一株南天竹结满成簇的红果实。两人立在纸窗门前，十右卫门先打了声招呼，有人自里头拉开纸窗门。拉开纸窗门的是一个坐在阿冬枕边的年轻男子，阿冬则深埋在被子内，连鬓发都被掩盖住了。那男子肤色浅黑，身材矮小，前额窄小，眉毛粗浓。

年轻男子向十右卫门打过招呼后，匆匆退出房间。十右卫门向半七说明，那就是刚刚说的扮演千崎弥五郎的和吉。

阿冬翻开被子撑起身，脸色比半七在今天早晨见的文字清还要苍白憔悴。不论问阿冬什么，阿冬总像个活幽灵一般，唯唯诺诺的，问不出一个结果。她似乎不堪回忆那天夜里所发生的恐怖事件，只顾着潸潸泪下。不知从何处传来笼内黄莺叫声，大概是被这两三天来的春意给瞒骗了吧，鸟啼声反倒引人情不自禁倍感寂寥。

　　本来在阿冬内心熊熊燃烧的恋火，现在或许已经化为灰烬失去原形。对于回忆过往那段乐不可支的恋情，她始终守口如瓶。不过对于她自己目前所处的困境，倒是能够断断续续地回答。她说，大老爷与老板娘都很同情她，也对她非常体贴，令她不胜感激。至于店铺内的伙计们，就属和吉对她最为亲切，今早以来已经偷空来探望过她两次了。

　　"那么，刚刚来探望你的是他？他都向你说了些什么？"半七问。

　　"我向他说，既然少爷发生了那种事，我继续留在这里也是很难受，所以想辞掉工作回老家去，和吉拼命劝我不要这样想，他一直劝我再忍耐到明年期满时。"

　　半七边听边点头。

　　"真是太感谢你了。实在对不起，竟然在你卧病不起时叨扰你。目前你还是保重身体要紧。对了，大和屋的老爷，能不能请您现在就带我到店门去？"

　　"是，是。"

　　十右卫门领先走出后门，半七也随后跟去。刚刚灌进肚内的酒精似乎开始发酵了，半七的脸颊益发显得通红。

　　"老爷，伙计们都到齐了吗？"半七环视了一圈账房与店面。

四十出头的总掌柜坐在账房内，两个年轻小掌柜在一旁打着算盘。那个和吉与另一个中年男子也在店内。四五个小伙计则在店头拆卸钉有铁钉的货物。

"是，大家似乎全到齐了。"十右卫门坐到账房的火炉前。

半七四平八稳坐在店门中央，目不转睛地再次环视一圈掌柜与小伙计们的脸。

"我说大和屋的老爷啊，这家和泉屋在具足町内可说是鼎鼎有名，足以与清正公①媲美，全江户普遍都知道和泉屋是大户人家，可是依我看来，和泉屋的老爷似乎管教不当。我说的对不对？竟然给那个胆大包天杀害主人的刽子手吃饭，还给他工资，视同珍宝地供养在店内。"

店内众人个个面面相觑。十右卫门也有点不知所措。

"头子，您就小声点吧……这儿人来人往的。"

"还怕什么人听到？反正这里头有个将要游街示众的犯人在！"半七嗤之以鼻。"喂，你们听好，你们一个个毫无例外都是混账家伙！朋辈之间有人弑主，你们以为可以这样事不关己地继续工作下去吗？哼，你们别装蒜！我非常清楚这里头有个胆敢弑主、非得绑在柱上处以死刑不可的人在。大抵说来，自家内养个不过是为了一个乳臭未干的小娘子，就胆敢杀害主人的家伙，是一切事情的祸首。这儿的老爷也真是个睁眼瞎子。等岁末时我去宰杀五六只寒冬乌鸦来，你们再去熏黑烤熟，拿给你们老爷当常备药吧！喂，我说大和屋的老爷啊，您的眼珠

---

① 清正公：清正堂，土墙仓房建筑的佛堂，创建于 1837 年，目前已经失存，日本国立国会图书馆藏有当时的浮世绘。——译者注

也真是给蒙住了。劝您还是到柴薪房去用碱水洗一洗怎么样？"

即便有人想回说什么，但对方毕竟是衙门中人，而且又喝醉了。就在众人手足无措只能乖乖洗耳恭听时，半七又火上加油地大吼起来。

"不过，对我来说可是非常幸运。我只要现在当场抓走犯人，就可以给八丁堀的大人们一个最佳年终礼品。喂，你们这些家伙，个个装得一副若无其事的样子，其实哪只老鼠是黑是白，我早就心里有数。不要以为我跟你们老爷一样是睁眼瞎子，那就错了。到时候被我逮住时，可千万不能怨我，也不要发牢骚。我不是在唬你们，还是乖乖先有个心理准备吧！"

十右卫门终于忍不住，提心吊胆地来到半七身边。

"头子，您好像醉得有点不像话了，到里边去休息一下如何？在店头这样大喊大叫，会给人添麻烦的。喂，和吉，你带头子到里边去。"

"是！"和吉浑身发抖地欲牵起半七的手，却冷不防遭到一个狠狠的拳头。

"多管闲事！你想干什么！你们这些刽子手别想动我一根毫毛。哼！你瞪我干什么？我说你们是弑主的刽子手，应该抓起来游街示众再处以死刑！你们应该也知道吧？被判死刑的人，会先绑在马上在全江户大街小巷游街示众。然后再被拉到铃之森或小冢原，绑在一棵高树上，刽子手会从左右捋出长矛，对准犯人双眼刺出，嘴里还大声哇哇叫。这叫作警众矛！你们千万要听好！警众矛完毕之后，这回是真的从左右两腋下深深刺入，再三反复一直刺进心脏！"

十右卫门皱起眉头，他受不了这重刑的说明。和吉也是面无血色。其他人则噤若寒蝉，恐惧得缩头缩脚。每个人都像是被宣判了死刑，眼睛眨也不眨地呆立在原地。

冬日上空，晴朗得发蓝，亮晃晃的阳光映照在店外街上。

四

半七终于醉倒了。望着躺在店铺中央的半七，在场众人均感到非常为难，却没人敢轻率上前搬动他。

"算了，没法子。暂时就让他那样吧。"

十右卫门转身跨进里房，不知在和老板夫妻商讨着什么。店铺内的伙计也各自回到自己的工作岗位。大概过了半个小时，假装醉倒睡熟的半七，一骨碌翻身爬起来。

"啊，醉了。到厨房去要杯水喝吧。不用，不用麻烦大家，我自己去。"

半七没有到厨房，直接转到里房。他自中庭廊子敏捷地跳下，躲在南天竹的大叶子后面，像一只青蛙俯趴在地上。过了一会儿，和吉的身影出现在廊子内。他蹑手蹑脚地来到四席半房间纸窗前，偷窥着房间内的动静。当他终于打开纸窗门时，半七也自南天竹后探出脸来。

纸窗内传出男人哽咽的声音。声音太低，半七听不大清楚。最后实在很不耐烦，半七只好悄悄地离开隐身场所，像只偷腥的猫爬上廊子。

果然是和吉的声音，压得很低而且抽抽噎噎。

"正如我刚刚所说的，是我杀死了少爷。这都是因为我太恋慕你了。虽然我从来没有向你表白过，可是我老早就暗恋上你了。我想和你结为夫妻，朝也想、暮也盼。结果你却和少爷……最近又要正式过门……。你知道我的心情吗？阿冬，你体谅我一下吧。虽然事情到了这种地步，可是我一点也不怨你，现在也是一点都不恨你。我只是非常痛恨少爷。就算他是主人，我也已经忍无可忍，也许我当时已经疯了，所以才利用这回的年终戏剧表演活动，到日阴町买了一把现成的刀，趁开幕前偷偷换掉假刀，而且成功了……。但是，众人抬着全身沾满血迹的少爷到后台来时，老实说，我真的像是冷水浇头一样毛骨悚然。之后到少爷快要断气那两天两夜，我真的怕得要死。每次到少爷枕边时，我总会全身发抖。不过，要是少爷真的死了，你迟早会成为我的人……。想到这点，我是忧喜参半，就这样一直撑到今天。唉，可是已经撑不下去了，那个捕吏毕竟是行家，他好像盯上我了。"

　　纸窗门外的半七，可以想象得出和吉此刻一定是面如白蜡，全身战栗不已。和吉鼻塞哽咽地继续说下去：

　　"那个捕吏到店里来，假装喝醉，大吼着店内有杀害主人的刽子手。而且他又含沙射影地讲解了一大堆磔刑的处刑方式，令我真的待不下去了。我当场就下定决心……他会绑着我的双手从这儿押出去，再把我关进牢房，然后骑马游街示众，最后是磔刑。那实在太可怕了……所以我决定干脆死掉算了。我再说一次，你千万不要嫌我啰唆，我真的一点都不怨你。但是，只要你明白我是为了你才会走到今天这种地步……。当然，对你来说，我是杀害少爷的仇人，不过还是请你能体谅我的心情，给我一点同情吧。我是个杀害少爷的坏家伙，我向你赔罪。但是，我死了之后，希望你能给我烧一支香，这是我这辈子最大的愿望。这儿有我从工资中存下来的二两一分，在我走之前，通通留给你。"

声音逐渐阴沉起来，音调比先前更低。半七听不到和吉又说了什么，只听见纸窗门内时时传出阿冬的啜泣声。石町的钟楼响了八下（午后两点）。纸窗门内的人似乎被钟声吓了一跳，有人站起身来，半七慌忙再度躲到南天竹繁茂处。廊子传来无力的脚步声，和吉像一条影子，垂头丧气地沿着廊子出去。半七拍拍沾着泥土的脚底，跨上廊子。

当半七再度回到店铺时，已不见和吉的踪影。在柜台前和掌柜闲聊一阵子，依然不见和吉出来。

"那个叫和吉的小掌柜，怎么不见了？"半七明知故问。

"不知道，到底跑哪儿去了？"大掌柜的也歪着头，"我没叫他出门办事……您找他有事吗？"

"不，没事。不过，您能不能帮我看一下他到底是出门了？还是仍在屋内？"

小伙计进里屋找人，不久出来，说里头和厨房都不见和吉的影子。

"那么，大和屋的老板还在吗？"

"还在，他好像在里屋商讨着什么……"

"你去转告一声，就说我有事找他。"

里屋起居间的纸门紧闭着，即便是白天，室内仍一片昏暗，老板夫妇和十右卫门围着长方形火盆，窃窃私语地不知在商讨什么。老板娘年约40左右，人品看起来很好，眉毛淡薄的额头上，布满愁容。小伙计引领半七来到起居室。

"老爷，杀害少爷的凶手已经查出来了。"

"真的？"三人转头过来，眼里同时发出光芒。

"是店内的人。"

"店内的人……"十右卫门往前挪了一下膝盖,"那么,头子您刚刚说的话都是真的?"

"虽然刚刚假装喝醉说了很多失礼的话,不过,犯人正是店内的和吉。"

"和吉……"

当三人正以半信半疑的眼神面面相觑时,一个女佣慌慌张张地跑进来。说她到后院的柴薪房想找东西,却发现和吉在柴薪房内上吊自杀了。

"果然没错,我正在猜测不是会上吊就是去跳河。"半七叹了一口气,"方才听大和屋老爷描述来龙去脉时,提到少爷和阿冬的事。接着,我又注意到演戏那天和少爷在同一房间内的和吉。少爷、阿冬与和吉,将这三人连在一起,总觉得这里头很可能有男女恋情的纠纷,于是我先同阿冬见了面,拐弯抹角地打探她身边近况,结果她说和吉非常亲切,时常来探望她。这更让我感觉其中必有蹊跷,才故意到店头大吼大叫。我想,大和屋的老爷一定认为我是个粗鲁的人吧。老实说,这样做其实都是为了店家。我当然可以先将和吉绑到衙门,让他在牢房接受审讯,等案情水落石出后,再骑马游街示众。可是这样一来,审讯时一定会召唤见证人等等,恐怕会给店家带来许多麻烦。况且,要是真的从这儿押解罪不容诛的犯人出去,肯定有损老字号的信誉,因此我尽可能不想绑缚他。再说,那小子大概也不愿接受游街示众或磔刑的后果吧,应该宁愿横心一死百了,所以我才那样大声恐吓他。另外,其实我也没有任何可以指证他是凶犯的铁证,只好边试探边那样说……。如果和吉问心无愧，应该会跟其他人一样，将我说的话当作耳边风；万一他内心暗怀鬼胎，便应该会坐立不安。没想到我的预想完全射中，那小子终于下了决心。至于详细内情，请老爷们问阿冬吧。"

三人期期艾艾地听着。

"半七头子，您真是料事如神哪！"十右卫门先开了口："擒拿凶犯本是您的职责，您却为了保全店家的信誉，情愿舍弃自己的功绩，真不知该如何感谢您。蒙您盛情，那就再拜托您一件事，请您千万别将此事公开出去，就当和吉发狂罢了。"

"当然没问题。对双亲或其余亲属来讲，就算和吉被判倒挂磔刑，恐怕也无法满意。只是，无论再判和吉多狠毒的刑罚，已经过世的少爷也不能起死回生，那倒不如看成是某种因缘，替和吉好好善后吧。"

"真是太感谢您了。"

"老爷，这事我当然会守口如瓶，不过，整个江户中仅有一人是例外，我必须老老实实地向她说明整件案情的来龙去脉，有关这点，请原谅我把话讲在前头。"半七很干脆地回答。

"整个江户中仅有一人……"十右卫门莫名其妙地问。

"在大家面前虽然不好说出来，不过还是不说不行，那正是住在下谷一位叫文字清的三弦师傅。"

和泉屋夫妇互看了一眼。

"为了这回事件，那女人好像有许多误会，我必须仔细说明让她理解内幕。"半七说。"另外，这或许是多管闲事，不过，我认为以前或许碍于种种原因才逼不得已，但是现在既然少爷已不在人世，你们就跟她恢复来往吧，也顺便多关照她一下。她现在那个年龄，不但没有结婚，而且将会越来越老，无依无靠的女人是很可怜的。"

老板娘听了半七的谆谆规劝,不禁放声大哭。

"这都是我的不对。明天我就去拜访她,往后会将她看成是姊妹一般。"

"天完全黑了。"

半七老人起身扭亮头上的电灯。

"阿冬后来依然在和泉屋做事,然后经由大和屋老板做媒,以和泉屋养女身份嫁到浅草。文字清也同和泉屋恢复来往,两三年后,辞去师傅工作,最后也是经由大和屋老板做媒出嫁了。大和屋的老板真是个亲切又热心的人。

"和泉屋让小女儿阿照招赘,这个女婿非常勤劳,当江户成为东京的同时,他便立即改行为钟表店,现在仍在山之手经营得有声有色。因为往昔跟他们有过这份缘,偶尔我也会去打扰一下。

"正如大家都熟悉的《八笑人》[①]剧情一样,江户时代非常流行业余歌舞伎剧或滑稽剧,这时,节目中经常有《忠臣藏》的第五幕和第六幕。大概是衣裳和小道具不是那么难找吧。有时候我也会碍于人情逼不得已去捧个场,所以看过几次。但是自从发生和泉屋那事件以后,很奇怪,大家都很有默契地不再上演第六幕了,可能是演起来会感到不是滋味吧。"

◆本文原著者为冈本绮堂,本书作者茂吕美耶译。

[①] 泷亭鲤丈著,1820年刊行,滑稽小说。——译者注

附录一　江户时代天皇年号与公元简易对照

（本表逢改年号时，该年以改元后的年号为主）

庆长八年（1603）

庆长九年（1604）

庆长十年（1605）

庆长十一年（1606）

庆长十二年（1607）

庆长十三年（1608）

庆长十四年（1609）

庆长十五年（1610）

庆长十六年（1611）

庆长十七年（1612）

庆长十八年（1613）

庆长十九年（1614）

元和一年（1615）

元和二年（1616）

元和三年（1617）

元和四年（1618）

元和五年（1619）

元和六年（1620）

元和七年（1621）

元和八年（1622）

元和九年（1623）

宽永一年（1624）

宽永二年（1625）

宽永三年（1626）

宽永四年（1627）

宽永五年（1628）

宽永六年（1629）

宽永七年（1630）

宽永八年（1631）

宽永九年（1632）

宽永十年（1633）

宽永十一年（1634）

宽永十二年（1635）

宽永十三年（1636）

宽永十四年（1637）

宽永十五年（1638）

宽永十六年（1639）

宽永十七年（1640）

宽永十八年（1641）

宽永十九年（1642）

宽永二十年（1643）

正保一年（1644）

正保二年（1645）

正保三年（1646）

正保四年（1647）

庆安一年（1648）

庆安二年（1649）

庆安三年（1650）

庆安四年（1651）

承应一年（1652）

承应二年（1653）

承应三年（1654）

明历一年（1655）

明历二年（1656）

明历三年（1657）

万治一年（1658）

万治二年（1659）

万治三年（1660）

宽文一年（1661）

宽文二年（1662）

宽文三年（1663）

宽文四年（1664）

宽文五年（1665）

宽文六年（1666）

宽文七年（1667）

宽文八年（1668）

宽文九年（1669）

宽文十年（1670）

宽文十一年（1671）

宽文十二年（1672）

延宝一年（1673）

延宝二年（1674）

延宝三年（1675）

延宝四年（1676）

延宝五年（1677）

延宝六年（1678）

延宝七年（1679）

延宝八年（1680）

天和一年（1681）

天和二年（1682）

天和三年（1683）

贞享一年（1684）

贞享二年（1685）

贞享三年（1686）

贞享四年（1687）

元禄一年（1688）

元禄二年（1689）

元禄三年（1690）

元禄四年（1691）

元禄五年（1692）

元禄六年（1693）

元禄七年（1694）

元禄八年（1695）

元禄九年（1696）

元禄十年（1697）

元禄十一年（1698）

元禄十二年（1699）

元禄十三年（1700）

元禄十四年（1701）

元禄十五年（1702）

元禄十六年（1703）

宝永一年（1704）

宝永二年（1705）

宝永三年（1706）

宝永四年（1707）

宝永五年（1708）

宝永六年（1709）

宝永七年（1710）

正徳一年（1711）

正徳二年（1712）

正徳三年（1713）

正徳四年（1714）

正徳五年（1715）

享保一年（1716）

享保二年（1717）

享保三年（1718）

享保四年（1719）

享保五年（1720）

享保六年（1721）

享保七年（1722）

享保八年（1723）

享保九年（1724）

享保十年（1725）

享保十一年（1726）

享保十二年（1727）

享保十三年（1728）

享保十四年（1729）

享保十五年（1730）

享保十六年（1731）

享保十七年（1732）

享保十八年（1733）

享保十九年（1734）

享保二十年（1735）

元文一年（1736）

元文二年（1737）

元文三年（1738）

元文四年（1739）

元文五年（1740）

寛保一年（1741）

寛保二年（1742）

宽保三年（1743）

延享一年（1744）

延享二年（1745）

延享三年（1746）

延享四年（1747）

宽延一年（1748）

宽延二年（1749）

宽延三年（1750）

宝历一年（1751）

宝历二年（1752）

宝历三年（1753）

宝历四年（1754）

宝历五年（1755）

宝历六年（1756）

宝历七年（1757）

宝历八年（1758）

宝历九年（1759）

宝历十年（1760）

宝历十一年（1761）

宝历十二年（1762）

宝历十三年（1763）

明和一年（1764）

明和二年（1765）

明和三年（1766）

明和四年（1767）

明和五年（1768）

明和六年（1769）

明和七年（1770）

明和八年（1771）

安永一年（1772）

安永二年（1773）

安永三年（1774）

安永四年（1775）

安永五年（1776）

安永六年（1777）

安永七年（1778）

安永八年（1779）

安永九年（1780）

天明一年（1781）

天明二年（1782）

天明三年（1783）

天明四年（1784）

天明五年（1785）

天明六年（1786）

天明七年（1787）

天明八年（1788）

宽政一年（1789）

宽政二年（1790）

宽政三年（1791）

宽政四年（1792）

宽政五年（1793）　　　文政一年（1818）
宽政六年（1794）　　　文政二年（1819）
宽政七年（1795）　　　文政三年（1820）
宽政八年（1796）　　　文政四年（1821）
宽政九年（1797）　　　文政五年（1822）
宽政十年（1798）　　　文政六年（1823）
宽政十一年（1799）　　文政七年（1824）
宽政十二年（1800）　　文政八年（1825）
享和一年（1801）　　　文政九年（1826）
享和二年（1802）　　　文政十年（1827）
享和三年（1803）　　　文政十一年（1828）
文化一年（1804）　　　文政十二年（1829）
文化二年（1805）　　　天保一年（1830）
文化三年（1806）　　　天保二年（1831）
文化四年（1807）　　　天保三年（1832）
文化五年（1808）　　　天保四年（1833）
文化六年（1809）　　　天保五年（1834）
文化七年（1810）　　　天保六年（1835）
文化八年（1811）　　　天保七年（1836）
文化九年（1812）　　　天保八年（1837）
文化十年（1813）　　　天保九年（1838）
文化十一年（1814）　　天保十年（1839）
文化十二年（1815）　　天保十一年（1840）
文化十三年（1816）　　天保十二年（1841）
文化十四年（1817）　　天保十三年（1842）

天保十四年（1843）

弘化一年（1844）

弘化二年（1845）

弘化三年（1846）

弘化四年（1847）

嘉永一年（1848）

嘉永二年（1849）

嘉永三年（1850）

嘉永四年（1851）

嘉永五年（1852）

嘉永六年（1853）

安政一年（1854）

安政二年（1855）

安政三年（1856）

安政四年（1857）

安政五年（1858）

安政六年（1859）

万延一年（1860）

文久一年（1861）

文久二年（1862）

文久三年（1863）

元治一年（1864）

庆应一年（1865）

庆应二年（1866）

庆应三年（1867）

明治一年（1868）

附录二　江户时代历任德川幕府将军

历代	将军	生殁年	在位期
一	德川家康	1542—1616	1603—1605
二	德川秀忠	1579—1632	1605—1623
三	德川家光	1604—1651	1623—1651
四	德川家纲	1641—1680	1651—1680
五	德川纲吉	1646—1709	1680—1709
六	德川家宣	1662—1712	1709—1712
七	德川家继	1709—1716	1713—1716
八	德川吉宗	1684—1751	1716—1745
九	德川家重	1711—1761	1745—1760
十	德川家治	1737—1786	1760—1786
十一	德川家齐	1773—1841	1787—1837
十二	德川家庆	1793—1853	1837—1853
十三	德川家定	1824—1858	1853—1858
十四	德川家茂	1846—1866	1858—1866
十五	德川庆喜	1837—1913	1866—1867